W0307332

Toute la cuisine végétarienne

Toute la cuisine végétarienne

SOLAR ÉDITIONS

Édito

Fruits, légumes, produits laitiers, œufs, céréales et légumineuses, herbes fraîches, graines... La nature regorge de merveilles pour égayer nos assiettes ! Et il n'est pas nécessaire de manger de la viande ou du poisson pour se régaler de bons petits plats au quotidien.

Que ce soit pour des raisons éthiques, environnementales, ou bien pour prendre soin de votre santé, vous ressentez l'envie de mettre plus de vert dans votre assiette. Difficile de résister à la traditionnelle portion de viande quand on compose un repas ? Pourtant, la nature fait des miracles et met à notre disposition quantité de savoureux ingrédients qu'il ne reste plus qu'à combiner pour créer de délicieux repas végétariens, complets et équilibrés, respectueux de notre corps, de notre planète et de nos amis les animaux.

Trouvez ici l'inspiration pour donner naissance à d'incroyables salades, de succulents petits plats mijotés, mais aussi à des pizzas, des burgers ou des glaces... Car rien n'est impossible en cuisine végétarienne, même pour les plus gourmands d'entre nous !

Que ce soit au petit-déjeuner pour démarrer du bon pied, à l'apéro pour recevoir les copains, pour le dîner au quotidien, pour recevoir facilement, et même pour combler les envies de sucré, cet ouvrage regroupe toutes les recettes indispensables pour accompagner apprentis végétariens ou plus confirmés au jour le jour.

LA CUISINE VÉGÉTARIENNE N'ATTEND PLUS QUE VOUS !

Sommaire

Veggie, vegan ou flexi ?

Manger plus végétal est dans l'air du temps, mais il existe différentes façons de le faire !

LES VÉGÉTARIENS consomment des végétaux et des sous-produits animaux : œuf, lait, fromage ou beurre sont présents dans leur alimentation. Seuls le poisson et la viande en sont exclus, ce qui permet d'équilibrer facilement les repas, car la diversité alimentaire reste importante.

- **Avantage :** une alimentation variée et facile à équilibrer au quotidien.
- **À surveiller :** l'excès de fromage, qui remplace trop souvent la viande et dont la surconsommation n'est pas souhaitable pour la santé cardio-vasculaire.

LES VÉGÉTALIENS ne consomment aucun produit et sous-produit animal. Leur alimentation est 100 % végétale. La couverture des besoins est plus difficile à atteindre et il est nécessaire de bien connaître la composition des aliments pour cuisiner des plats répondant à nos besoins physiologiques.

- **Avantage :** un respect total du monde animal.
- **À surveiller :** des carences peuvent apparaître, car certaines vitamines ne sont contenues que dans les produits animaux. C'est le cas de la vitamine D et surtout de la vitamine B12 dont une supplémentation quotidienne s'impose. Le végétalisme est souvent associé à la tendance **vegan** qui, plus qu'un régime alimentaire, est une véritable philosophie : un vegan est quelqu'un qui va faire tout son possible pour ne pas participer de manière directe ou indirecte à l'exploitation des animaux.

LES FLEXITARIENS ne consomment des produits animaux que très rarement. C'est l'envie qui guide leur choix... Sur une base végétarienne, ils consomment une viande de très bonne qualité ou un poisson ultrafrais, très ponctuellement.

- **Avantage :** une alimentation diversifiée qui suit les envies et permet d'être réellement à l'écoute de son corps, sans interdit.
- **À surveiller :** l'équilibre sur le long terme, car le rythme alimentaire peut devenir anarchique.

POURQUOI DEVIENT-ON VÉGÉTARIEN ?

On devient végétarien pour des raisons diverses, propres à chacun. Ce peut être le dégoût de la viande, l'impact environnemental dû à l'élevage d'animaux, un positionnement éthique face à l'exploitation animale, la préoccupation de sa santé, la disparition d'espèces animales à cause de la surexploitation des océans, des considérations religieuses...

QUELS SONT LES PRINCIPES GÉNÉRAUX À RESPECTER ?

- Associez les protéines végétales contenues dans les céréales et légumineuses : leurs compositions sont complémentaires et elles remplacent parfaitement celles issues des produits animaux. En pratique, cela signifie tout simplement associer du boulgour et des lentilles, ou accompagner une purée de pois chiches d'une belle tranche de pain.
- Consommez chaque jour une petite quantité (20 à 30 g) de graines oléagineuses, qui complètent vos apports (noix, sésame, pignon, noisette, amande).
- Faites la part belle aux fruits et légumes de saison, mais n'hésitez pas, pour gagner du temps, à consommer des légumes surgelés.
- Consommez de temps en temps du fromage et des œufs, sources de vitamine B12, indispensable à la formation des globules rouges et à la synthèse des protéines (croissance, cicatrisation).

L'ALIMENTATION VÉGÉTARIENNE FAIT-ELLE MAIGRIR ?

Non, pas spécifiquement. Mais comme tout changement alimentaire, il est possible que l'organisme brûle davantage de calories au moment de la mise en place d'une alimentation végétarienne. C'est lié à l'adaptation du corps à ce nouveau rythme, mais cela reste transitoire. Le corps retrouve assez rapidement son poids de forme. À l'inverse, l'augmentation des céréales, légumineuses et parfois d'aliments gras (tartes et cakes salés, gratins, crêpes, croquettes...) peut vous faire prendre du poids si vous en mangiez peu auparavant. Mais de la même façon, le corps va s'adapter et revenir à son poids habituel.

EXISTE-T-IL DES RISQUES DE CARENCE NUTRITIONNELLE AVEC UNE ALIMENTATION VÉGÉTARIENNE ?

Non, il n'y a pas de risque si vos menus sont variés et que vous choisissez des aliments de bonne qualité. Viande et poisson peuvent être remplacés par des céréales complètes, des légumineuses, des graines, du tofu et des œufs. L'important est de rééquilibrer l'alimentation de façon globale, en consommant des aliments concentrés en micronutriments utiles à votre santé. En pratique : choisissez des légumes et fruits de pleine saison, optez pour des céréales complètes et bien sûr abandonnez tous les snacks et sucreries qui n'apportent pas de vitamines, antioxydants ou minéraux indispensables au fonctionnement de l'organisme.

PEUT-ON ÊTRE VÉGÉTARIEN ET SPORTIF ?

Cela n'est pas antinomique, bien au contraire. L'alimentation végétarienne, riche en glucides complexes, en magnésium, en fer et en antioxydants variés est parfaitement adaptée à l'activité physique, occasionnelle ou plus soutenue. L'apport modéré de protéines permet de répondre aux besoins d'entretien et de développement de la masse musculaire, sans provoquer de surcharge en déchets azotés – qui favorisent notamment les courbatures et accroissent la fatigue musculaire. Particulièrement bien pourvue en potassium, l'alimentation végétarienne est également utile pour stimuler le drainage de l'organisme et faciliter la récupération, après les entraînements et les compétitions.

LES ENFANTS ET LES ADOLESCENTS PEUVENT-ILS SE PASSER DE VIANDE ET DE POISSON ?

Oui et non. Si l'alimentation végétarienne diversifiée est assez facile à équilibrer chez l'adulte, les besoins spécifiques des enfants et des adolescents imposent d'être plus vigilant. Il est souhaitable qu'ils consomment de la viande ou du poisson au moins 3 ou 4 fois par semaine, et il est préférable d'être conseillé par un nutritionniste pour mettre en place cette alimentation. Il en va de même pour les femmes enceintes : on peut parfaitement mener une grossesse sans changer ses habitudes alimentaires, mais un bilan nutritionnel est conseillé.

L'ALIMENTATION VÉGÉTARIENNE PEUT-ELLE AVOIR UN IMPACT NÉGATIF SUR LA SANTÉ ?

Non, mais sa richesse en fibres peut être mal tolérée, et provoquer un inconfort digestif difficile à supporter (ballonnements, accélération du transit...). Il est important dans ce cas d'opter pour les légumes cuits, d'éviter les crudités et de consommer des céréales non raffinées (pain, pâtes et farine blanche). Cet effet est souvent transitoire, l'organisme s'habitue progressivement (avec une limite propre à chacun) à cet apport massif de fibres végétales.

L'ALIMENTATION VÉGÉTARIENNE EST-ELLE MOINS CHÈRE ?

Le panier du végétarien n'est pas le même que celui de l'omnivore : moins de viande et de poisson et plus de céréales, de légumineuses et de légumes ! Des ingrédients bien meilleur marché d'autant plus si on les achète en vrac, localement et à leur pleine saison.

OÙ FAIRE SES COURSES ?

Les grandes surfaces proposent aujourd'hui de plus en plus de produits bio et alternatifs mais la gamme reste moins variée que celles des magasins d'alimentation biologique. Il faut aussi explorer les circuits courts de distribution ! Sur les marchés de producteurs locaux, directement sur les exploitations ou par le biais de réseaux de producteurs (AMAP, paniers solidaires, vente en ligne...), on trouve d'excellents produits qui ont parcouru peu de kilomètres pour arriver jusqu'à nous.

POURQUOI LES VÉGÉTARIENS SONT DES ADEPTES DU « FAIT MAISON » ?

En s'orientant vers une alimentation végétale plus saine, on oublie les plats tout préparés et on s'oriente vers des ingrédients moins transformés et moins raffinés. On retrouve le chemin de la cuisine et le plaisir du fait maison !

LE PLACARD IDÉAL

En végétalisant son alimentation, on découvre et l'on introduit de nouveaux produits dans la cuisine. Les rayonnages du placard se modifient pour accueillir ces ingrédients aux saveurs, aux couleurs et aux textures différentes qui élargissent tant la palette de notre alimentation !

DES FRUITS ET DES LÉGUMES

Le plus souvent bio ! Ces fruits et ces légumes cultivés selon des règles rigoureuses définies dans des cahiers des charges nationaux sont garantis sans OGM. Ni insecticides, ni fongicides, ni herbicides de synthèse ne sont utilisés dans leur culture ! Par contre, il n'y a aucun intérêt écologique à les consommer bio s'ils sont importés. Pour limiter le conditionnement et le transport de ces fruits, on choisira donc de les acheter en circuits courts sur les marchés, les exploitations ou auprès de réseaux de producteurs. C'est la garantie de déguster des fruits et légumes de saison ! Ramassés à maturité et consommés frais, les légumes sont savoureux et les fruits gorgés de sucre autant crus que cuits.

DES CÉRÉALES

À côté du riz et du blé, des pâtes et de la farine, il existe bien d'autres variétés de céréales, plus ou moins raffinées et présentées sous différentes formes. Si l'avoine, le blé, l'épeautre et le petit épeautre, le seigle et l'orge contiennent du gluten, les autres en sont dépourvues (amarante, fonio, maïs, millet, quinoa, riz, teff et sarrasin). Les céréales complètes ou demi-complètes contiennent plus de fibres et sont plus riches en nutriments que les céréales raffinées auxquelles on a retiré le son et le germe. Chaque céréale avec sa saveur, son parfum et son goût particulier, en grains entiers ou concassés, en semoule ou en farine, précuite, transformée en flocons, en graines soufflées ou en crèmes trouvera sa place dans la cuisine.

DES LÉGUMINEUSES

Les légumineuses sont généralement cultivées pour leurs graines contenues dans leurs fruits en forme de gousse. Comme les céréales complètes, elles sont riches en protéines, en fibres, en vitamines et minéraux. On peut les consommer fraîches ou sèches. Ce sont les fameux légumes secs : fèves, haricots secs, lentilles, pois cassés, pois chiches et soja. Si pendant longtemps, on ne trouvait les légumineuses qu'en graines, elles sont maintenant disponibles en farines et en flocons pour un côté pratique et un gain de temps : ils cuisent beaucoup plus vite !

DES OLÉAGINEUX

Les oléagineux sont des végétaux dont on peut extraire de l'huile. Certains sont des graines (courge, colza, lin, pavot, sésame, tournesol...), d'autres sont des fruits dont certains à coque comme l'amande, la noisette, la noix, la noix de cajou ou la pistache. C'est surtout leur richesse en acides gras insaturés (oméga-3 et oméga-6) qui en fait des aliments intéressants sur le plan nutritionnel. On les trouve dans le commerce entiers, en poudre, en purée ou en huile.

- Les fruits à coque et les petites graines entiers ou concassés se dégustent à tous les repas. Au petit déjeuner, on les mélange aux céréales. Au déjeuner et à dîner, on en saupoudre salades, crudités, légumes sautés et plats de céréales. On apporte leur croquant et leur saveur à un fond de tarte ou sur un gratin. On en garnit des pains, des gâteaux et des biscuits.
- Les purées d'oléagineux font merveille en cuisine ! Elles remplacent aisément le beurre tout en apportant une saveur particulière, tartinée sur une tranche de pain ou dans les pâtes à biscuits et à gâteaux. Diluées dans du lait, elles se transforment en lait végétal tout doux. On en fait également de merveilleuses sauces et tartinades comme le houmous avec la purée de sésame.

DES PROTÉINES ALTERNATIVES

Le tofu est issu de la graine de soja jaune. C'est une source de protéines d'excellente qualité nutritionnelle, car sa composition chimique est proche de celle des protéines animales. Le tofu a une saveur très neutre, il se marie donc avec tous les légumes et gagne à être relevé d'épices et d'herbes fraîches. En version sucrée, le tofu soyeux – dont la consistance est proche de celle des faisselles – permet de réaliser de délicieux desserts, avec des fruits rouges ou du miel. Le seitan est fabriqué à partir de protéines de blé, il n'est donc pas adapté aux intolérants au gluten. Il contient autant, voire davantage, de protéines que la viande. Il se cuisine découpé en dés, sauté ou d'une seule pièce, comme un rôti.

DES SUCRES ALTERNATIFS

Sucre de canne, miel, sirop d'agave, sucre de coco, sirop d'érable... sucrent aussi bien que le classique sucre blanc tout en apportant des nutriments et bienfaits différents pour le corps. Les sucres de canne intégral et complet, à la couleur brune, n'ont pas été raffinés : leurs saveurs s'approchent de celles du caramel et de la réglisse. Pour une saveur plus neutre, on choisira plutôt un sucre de canne blond. En version salée, miels et sirop d'érable se dissolvant bien s'associent à l'huile pour des marinades et vinaigrettes gourmandes.

MAIS AUSSI...

- Des œufs bio ou de plein air que l'on reconnaît à leur marquage sur leur coquille. Le premier chiffre est : « 0 » pour Bio ou « 1 » pour Plein air.
- Des graines germées très riches en vitamines et à consommer crues. On les trouve en barquettes dans les magasins bio, mais il est tellement facile et fascinant de les faire pousser à la maison que ce serait dommage de s'en passer !
- Des fruits séchés bio. En perdant de leur eau, les fruits se sont concentrés en fibres, sucres et minéraux. Abricots, bananes, dattes, figues, raisins... se dégustent au goûter ou en en-cas pour apporter de l'énergie. On les mélange à des porridges et compotes, on en parsème les salades et on les intègre aux gâteaux et cookies.
- À côté du sel marin non raffiné et du poivre du moulin, épices et herbes aromatiques fraîches séchées ou congelées viennent prendre place pour apporter leurs formidables parfums.
- Des algues, concentré de bienfaits ! Elles sont riches en protéines et en antioxydants, et contiennent de la vitamine B12 – qui est absente du règne végétal. Elles se présentent fraîches au sel, en conserve ou déshydratées, entières ou en paillettes pour en saupoudrer les plats ou à intégrer dans des recettes salées (gaufres, blinis, tartes...).

ET LA CONSERVATION

- Les céréales et les légumineuses se conservent très facilement à température ambiante et à l'abri de la lumière. Tout comme les oléagineux et les huiles. On peut utiliser des bocaux en verre ou des boîtes métalliques, à la fois écologiques, pratiques et esthétiques. On peut aussi opter pour des sachets en papier !
- Les fruits destinés à être consommés rapidement ainsi que les agrumes et les bananes se conservent à température ambiante tout comme l'aubergine, le poivron, la tomate, la pomme de terre et la courge. Idem pour l'ail, l'oignon et l'échalote.
- Les pommes de terre avec les courges et les légumes-racines (carotte, navet, betterave...) peuvent se garder plusieurs semaines dans un endroit sec et sombre comme une cave.
- Quant aux autres fruits et légumes, aux produits laitiers et aux produits achetés au rayon frais (tofu, quenelles...), ils se conservent au réfrigérateur.

APÉROS ET ENTRÉES

Noix et graines grillées

SANS GLUTEN
SANS LACTOSE

INGRÉDIENTS

- 60 g de noix de cajou
- 60 g de pignons de pin
- 60 g de graines de courge
- 60 g de graines de tournesol
- 1 cuil. à soupe d'huile de tournesol
- 1 cuil. à soupe de miel
- 1 cuil. à café de piment d'Espelette
- 1 cuil. à soupe de romarin haché
- ½ cuil. à café de fleur de sel

1 Préchauffez le four à 170 °C (th. 5-6).

2 Dans un grand bol, mélangez les noix de cajou, les pignons de pin, les graines de courge, les graines de tournesol, l'huile de tournesol, le miel, le piment d'Espelette, le romarin haché et la fleur de sel.

3 Recouvrez une plaque à pâtisserie de papier sulfurisé. Répartissez les noix et graines sur la plaque et enfournez pour 15 minutes environ jusqu'à ce que les noix et graines soient bien dorées et croquantes.

ASTUCE

Conservez dans un bocal en verre pendant 1 mois.

POUR 4 PERSONNES PRÉPARATION : 20 MIN CUISSON : 15 MIN

Amandes grillées
au sirop d'érable

VEGAN
SANS GLUTEN
SANS LACTOSE

INGRÉDIENTS

- 100 g d'amandes
- 1 petite cuil. à soupe de sirop d'érable
- 1 petite cuil. à soupe de tamari (ou de sauce soja)
- ¼ de cuil. à café de curcuma moulu
- ¼ de cuil. à café de paprika
- 1 petite pincée de poivre noir

1 Préchauffez le four à 180 °C (th. 6).

2 Versez dans un bol le sirop d'érable, le tamari et les épices. Ajoutez les amandes et mélangez-les à la préparation.

3 Répartissez les amandes sur une plaque recouverte de papier sulfurisé et enfournez pour 5 minutes.

4 Laissez refroidir avant de déguster.

VARIANTE

Vous pouvez opter pour d'autres épices !

POUR 4 PERSONNES PRÉPARATION : 5 MIN CUISSON : 5 MIN

Tapenade d'artichaut

VEGAN
SANS GLUTEN
SANS LACTOSE

INGRÉDIENTS

1 boîte de cœurs d'artichaut (240 g égouttés environ)

5 cl d'huile d'olive

3 gousses d'ail

1 cuil. à soupe de jus de citron

sel et poivre

1 Épluchez et écrasez les gousses d'ail.

2 Dans le bol d'un robot mixeur, mettez les cœurs d'artichaut égouttés, l'huile d'olive, les gousses d'ail, le jus de citron. Salez et poivrez à votre convenance.

3 Mixez quelques minutes jusqu'à ce que la tapenade soit bien lisse.

4 Servez à température ambiante avec du pain grillé.

ASTUCE

La tapenade d'artichaut se conserve 3 jours environ au réfrigérateur.

POUR 4 PERSONNES **PRÉPARATION : 10 MIN**

Dip épinard, artichaut

VEGAN
SANS GLUTEN
SANS LACTOSE

INGRÉDIENTS

200 g d'épinards hachés surgelés
200 g d'artichauts à l'huile d'olive
400 g de tofu soyeux
1 oignon jaune
2 gousses d'ail
2 cuil. à soupe de levure maltée
2 cuil. à soupe de jus de citron
1 cuil. à soupe d'huile d'olive
+ un peu pour le plat
1 cuil. à café de sel
½ cuil. à café de poivre

1 Épluchez et émincez l'oignon et les gousses d'ail très finement. Faites chauffer l'huile d'olive dans une grande poêle sur feu moyen. Faites revenir l'oignon et l'ail émincés 5 minutes environ en remuant. Ajoutez les épinards et laissez cuire 10 minutes environ, jusqu'à ce que les épinards soient décongelés.

2 Préchauffez le four à 180 °C (th. 6). Égouttez les artichauts. Versez le mélange aux épinards dans le bol d'un robot mixeur et ajoutez le tofu soyeux, le jus de citron, les artichauts égouttés, le sel, le poivre et la levure maltée. Mixez très rapidement afin que tous les ingrédients s'amalgament.

3 Versez dans un petit plat à gratin huilé et enfournez. Laissez cuire 30 minutes. La surface du dip doit être bien dorée.

4 Servez tiède avec du pain, des chips tortillas ou des chips de pita.

POUR 6 PERSONNES PRÉPARATION : 20 MIN CUISSON : 45 MIN

Pâté de lentilles
et graines de courge

VEGAN
SANS GLUTEN
SANS LACTOSE

INGRÉDIENTS

30 g de lentilles vertes
10 g de graines de courge
1 petit oignon jaune
1 gousse d'ail
2 cornichons
1 cuil. à soupe d'huile d'olive
1 pincée de poivre noir
1 pincée de sel

1 Faites cuire les lentilles dans de l'eau bouillante pendant 25 minutes.

2 Préchauffez le four à 200 °C (th. 6-7).

3 Lorsque les lentilles sont cuites, égouttez-les et passez-les sous l'eau froide avant de les égoutter à nouveau.

4 Versez les graines de courge dans un petit plat allant au four et faites-les dorer pendant 5 minutes.

5 Pelez l'oignon et l'ail, hachez-les finement et faites-les revenir dans l'huile d'olive, à feu moyen, pendant 6 minutes. Incorporez les lentilles et les graines de courge, le sel et le poivre et transférez le tout dans le bol du robot. Mixez grossièrement, puis versez dans un bol.

6 Découpez les cornichons en deux, répartissez-les sur le pâté et placez au réfrigérateur 2 heures avant de servir.

ASTUCE

Répartissez le pâté dans des petites feuilles d'endive et saupoudrez de piment d'Espelette.

POUR 2 PERSONNES PRÉPARATION : 10 MIN CUISSON : 35 MIN RÉFRIGÉRATION : 2 H

VEGAN
SANS GLUTEN
SANS LACTOSE

Terrine de haricots rouges au romarin

INGRÉDIENTS

240 g de haricots rouges cuits

1 cuil. à soupe de romarin frais

1 petit oignon jaune

1 gousse d'ail

2 cuil. à soupe d'huile d'olive

2 cuil. à soupe de ciboulette ciselée

sel et poivre

1 Épluchez et émincez finement l'oignon et la gousse d'ail. Faites chauffer 1 cuillerée à soupe d'huile d'olive dans une poêle sur feu moyen. Rissolez l'oignon et l'ail pendant 5 minutes sans les laisser colorer.

2 Dans le bol d'un robot mixeur, placez l'oignon et l'ail rissolés, les haricots rouges, le romarin frais haché, l'huile d'olive restante et la ciboulette hachée. Salez et poivrez à votre convenance. Mixez jusqu'à ce que le mélange soit bien lisse.

3 Transvasez dans une terrine avec couvercle et servez à température ambiante avec du pain de campagne légèrement grillé et des cornichons.

ASTUCE

Conservez au frais pendant 3 jours.

POUR 4 PERSONNES **PRÉPARATION : 20 MIN** **CUISSON : 5 MIN**

Tartinade végétale
tomates et basilic

VEGAN
SANS GLUTEN
SANS LACTOSE

1 Mettez dans le bol d'un robot mixeur les feuilles de basilic, le tofu, l'ail, le cumin, le sel et les tomates égouttées (sans leur huile). Mixez le tout.

2 Dégustez cette tartinade étalée sur un bon pain.

INGRÉDIENTS

50 g de tomates séchées à l'huile
4 brins de basilic
100 g de tofu soyeux
½ gousse d'ail (facultatif)
1/8 de cuil. à café de cumin
1/8 de cuil. à café de sel de Guérande

ASTUCE

Conservez dans un pot hermétique et gardez au frais.

POUR 4 PERSONNES PRÉPARATION : 10 MIN

Fromage végétal
ail et persil

VEGAN
SANS GLUTEN
SANS LACTOSE

INGRÉDIENTS

100 g de tofu lacto-fermenté
100 g de tofu soyeux
1 gousse d'ail
½ bouquet de persil
3 cuil. à soupe d'huile d'olive
½ cuil. à café de sel
poivre

1 Lavez et effeuillez le persil. Épluchez la gousse d'ail. Placez le tofu lacto-fermenté, le tofu soyeux, la gousse d'ail, les feuilles de persil, l'huile d'olive, le sel et le poivre dans le bol d'un robot mixeur.

2 Mixez jusqu'à ce que le fromage végétal soit lisse. Servez bien frais en tartinade ou dans un sandwich.

ASTUCE

Conservez au réfrigérateur pendant 3 jours.

POUR 4 PERSONNES PRÉPARATION : 15 MIN

Caviar d'aubergine

VEGAN
SANS GLUTEN
SANS LACTOSE

INGRÉDIENTS

- 3 aubergines moyennes
- 2 gousses d'ail
- 2 cuil. à soupe de tahini (purée de sésame)
- 1 cuil. à soupe de jus de citron
- 1 petit citron confit
- ½ cuil. à café de sel

1 Préchauffez le four à 200 °C (th. 6-7). Percez la peau des aubergines à plusieurs endroits à l'aide d'une fourchette. Placez-les sur une plaque de cuisson et enfournez pour 30 minutes environ. Les aubergines sont cuites lorsque la peau est fripée et la chair fondante.

2 Coupez les aubergines en deux dans le sens de la longueur et prélevez la chair à l'aide d'une cuillère à soupe.

3 Épluchez les gousses d'ail. Coupez le citron confit en quartiers, prélevez la peau et coupez-la en petits dés. Jetez la pulpe.

4 Placez la chair des aubergines, les gousses d'ail, le tahini, le jus de citron, le sel et les dés de citron confit dans le bol d'un robot mixeur. Mixez jusqu'à l'obtention d'une texture lisse. Servez à température ambiante.

ASTUCE

Le caviar d'aubergine se conserve 3 jours, couvert, au réfrigérateur.

POUR 4 PERSONNES PRÉPARATION : 25 MIN CUISSON : 30 MIN

Houmous

VEGAN
SANS GLUTEN
SANS LACTOSE

INGRÉDIENTS

1 boîte de pois chiches de 400 g

3 cuil. à soupe de tahini (purée de sésame)

1 gousse d'ail

2 cuil. à soupe de jus de citron

½ cuil. à café de sel

1 Épluchez les pois chiches et la gousse d'ail.

2 Dans le bol d'un robot mixeur, placez les pois chiches épluchés, la gousse d'ail, le jus de citron, le sel, le tahini et 15 cl d'eau. Mixez jusqu'à l'obtention d'une pâte bien lisse.

3 Servez à température ambiante.

ASTUCE

Conservez au frais pendant 3 jours dans une boîte hermétiquement fermée.

POUR 4 PERSONNES PRÉPARATION : 30 MIN

Coleslaw

VEGAN
SANS GLUTEN
SANS LACTOSE

INGRÉDIENTS

1 pomme granny-smith
½ chou blanc
2 carottes
10 cl de jus de citron
10 cl de vinaigre de cidre
2 cuil. à soupe de yaourt de soja
2 cuil. à soupe d'huile de sésame
2 cuil. à soupe de sauce soja
2 cuil. à soupe de sirop d'agave
1 cuil. à soupe de coriandre en poudre
4 cuil. à soupe de graines de sésame

1 Épluchez la pomme et les carottes. Râpez la pomme, le chou blanc et les carottes. Placez le tout dans un grand saladier.

2 Dans un grand bol, mélangez le jus de citron, le vinaigre de cidre, l'huile de sésame, la sauce soja, le sirop d'agave, la coriandre en poudre et le yaourt de soja.

3 Versez la sauce sur le mélange pomme, chou, carotte et remuez bien. Saupoudrez de graines de sésame. Servez bien frais en entrée ou en accompagnement.

POUR 4 PERSONNES PRÉPARATION : 20 MIN

Aïoli aux légumes primeurs

SANS GLUTEN
SANS LACTOSE

1 Épluchez les pommes de terre et les carottes. Nettoyez les radis et retirez les fanes. Faites cuire à la vapeur les artichauts, les courgettes, les pommes de terre et les carottes pendant 30 minutes environ. Réservez.

2 Dans une casserole moyenne, faites chauffer de l'eau jusqu'à frémissements et plongez-y les œufs pendant 5 minutes afin d'obtenir des œufs mollets. Réservez.

3 Épluchez les gousses d'ail, placez-les dans un mortier avec le sel. Écrasez l'ail afin d'obtenir une purée. Dans un grand bol, placez la purée d'ail, les jaunes d'œufs et le jus de citron. Fouettez en ajoutant lentement, en filet, l'huile d'olive. L'aïoli doit prendre la consistance d'une pommade. Écalez les œufs.

4 Servez tiède avec l'aïoli et des tranches de pain au levain grillées.

INGRÉDIENTS

12 pommes de terre grenailles

4 artichauts poivrades

4 courgettes moyennes

4 carottes

1 botte de radis

4 œufs + 2 jaunes à température ambiante

2 gousses d'ail

10 cl d'huile d'olive

2 cuil. à café de jus de citron

½ cuil. à café de sel

POUR 4 PERSONNES PRÉPARATION : 30 MIN CUISSON : 30 MIN

VEGAN
SANS GLUTEN
SANS LACTOSE

Artichauts
sauce pistache

INGRÉDIENTS

2 artichauts

Pour la sauce :

20 g de pistaches

20 g de noix de cajou

8 brins de persil plat ou frisé

3 cuil. à soupe d'huile de colza

¼ de cuil. à café de sel de Guérande

1 Coupez entièrement la tige des artichauts et faites-les cuire à la vapeur pendant 30 minutes (vérifiez la cuisson avec une lame de couteau : elle doit s'enfoncer facilement dans l'artichaut).

2 Préparez la sauce pendant ce temps : mettez dans un mixeur les pistaches, les noix de cajou concassées grossièrement, les feuilles de persil, l'huile, le sel et mixez.

3 Servez les artichauts tièdes, accompagnés de la sauce dans laquelle vous tremperez le bout tendre des feuilles. Arrivé au cœur, ôtez-en le foin, coupez-le en morceaux et dégustez-le avec le reste de la sauce.

POUR 2 PERSONNES PRÉPARATION : 5 MIN CUISSON : 30 MIN

Pickles rapides
aux trois poivrons

VEGAN
SANS GLUTEN
SANS LACTOSE

1 Lavez et épépinez les poivrons, puis coupez-les finement en rondelles.

2 Versez 16 cl d'eau dans un bocal, ajoutez-y le vinaigre, le sel, les graines de moutarde et l'oignon émincé.

3 Ajoutez les rondelles de poivron, refermez soigneusement le bocal et laissez reposer 1 heure.

INGRÉDIENTS

100 g de mini-poivrons

1 petit oignon blanc

7 cl de vinaigre d'alcool

1 cuil. à café de graines de moutarde jaune

¼ de cuil. à café de sel de Guérande

ASTUCE

Ces pickles se conservent 3 jours au réfrigérateur.

POUR 1 POT PRÉPARATION : 15 MIN REPOS : 1 H

Tofu brouillé
aux champignons

VEGAN
SANS GLUTEN
SANS LACTOSE

INGRÉDIENTS

200 g de tofu soyeux
150 g de tofu ferme
80 g de champignons de Paris
1 gousse d'ail
1 échalote
1 cuil. à soupe d'huile d'olive
1 pincée de sel
1 pincée de poivre noir

1 Pelez et hachez finement l'ail et l'échalote. Lavez les champignons de Paris et détaillez-les en lamelles. Faites revenir le tout dans une poêle avec l'huile d'olive, pendant 6 minutes, à feu moyen.

2 Écrasez grossièrement à la fourchette, dans un saladier, le tofu soyeux égoutté et le tofu ferme émietté.

3 Salez et poivrez, puis versez la préparation dans la poêle. Poursuivez la cuisson pour 6 minutes, en mélangeant régulièrement à la cuillère en bois. Servez avec des tranches de pain complet grillées ou des gressins.

VARIANTE

Vous pouvez ajouter des tomates séchées.

POUR 4 PERSONNES **PRÉPARATION : 5 MIN** **CUISSON : 12 MIN**

Verrines betterave, chèvre

SANS GLUTEN

INGRÉDIENTS

300 g de betterave cuite et épluchée

50 g de fromage de chèvre frais

150 g de yaourt de brebis

½ cuil. à café de cumin moulu

½ cuil. à café de coriandre moulue

½ cuil. à café de gingembre moulu

1 poignée de noisettes

1 oignon frais

1 cuil. à café de sel

1 Coupez la betterave en gros dés. Placez-les dans le bol d'un robot mixeur avec le yaourt de brebis, le cumin, la coriandre, le gingembre et le sel. Mixez jusqu'à l'obtention d'une crème bien lisse.

2 Émiettez le fromage de chèvre. Hachez grossièrement les noisettes. Émincez finement l'oignon.

3 Répartissez la crème à la betterave dans 4 verrines et parsemez-les de chèvre frais, de noisettes et d'oignon frais.

4 Réservez au réfrigérateur et servez bien frais à l'apéritif ou en entrée.

POUR 4 PERSONNES PRÉPARATION : 15 MIN

Blinis à la farine de sarrasin

VEGAN
SANS GLUTEN
SANS LACTOSE

1 Versez 15 cl d'eau tiède et la levure dans un saladier. Laissez reposer à température ambiante 10 minutes. Incorporez la crème, le vinaigre ou le jus de citron, le bicarbonate et le sel, puis la farine et la fécule.

2 Huilez légèrement une grande poêle et placez-la sur feu moyen/vif.

3 Formez les blinis en déposant 1 cuillerée à soupe de pâte par blini, en prenant soin de les espacer d'au moins 1 cm.

4 Faites cuire 1 minute de chaque côté.

INGRÉDIENTS

100 g de farine de sarrasin

60 g de fécule de maïs

50 g de crème végétale au choix

10 g de levure de boulanger

1 cuil. à soupe de vinaigre de cidre ou de jus de citron

½ cuil. à café de bicarbonate alimentaire

huile d'olive pour la poêle

½ cuil. à café de sel

ASTUCE

Accompagnez les blinis de guacamole surmonté d'oignons caramélisés.

POUR 16 BLINIS PRÉPARATION : 10 MIN REPOS : 10 MIN CUISSON : 2 MIN

Chips de pita

VEGAN
SANS LACTOSE

INGRÉDIENTS

5 pains pita
1 cuil. à café de paprika
1 cuil. à café d'ail en poudre
4 cuil. à soupe d'huile d'olive
½ cuil. à café de sel

1 Préchauffez le four à 180 °C (th. 6).

2 Coupez les pains pita en quartiers puis en triangles. Placez-les dans un saladier. Mélangez le paprika, l'ail en poudre, le sel et l'huile dans un bol. Versez cette préparation sur les triangles de pains pita. Brassez le tout pour bien enrober les chips.

3 Chemisez deux plaques de cuisson de papier sulfurisé et répartissez les chips sans qu'elles se chevauchent. Enfournez et faites cuire 10 minutes environ jusqu'à ce que les chips soient dorées et croustillantes.

4 Servez avec des dips et des tartinades.

ASTUCE

Les chips de pita se conservent 3 jours, bien emballées.

POUR 4 PERSONNES   PRÉPARATION : 20 MIN   CUISSON : 10 MIN

Chips de kale

VEGAN
SANS GLUTEN
SANS LACTOSE

INGRÉDIENTS

100 g de chou kale (3 feuilles)

1 cuil. à soupe d'huile d'olive

1 cuil. à café de gomasio (condiment de sésame)

1 Préchauffez le four à 175 °C (th. 6).

2 Lavez les feuilles de chou kale et retirez la tige dure centrale.

3 Versez l'huile d'olive dans un saladier et ajoutez-y les feuilles de kale découpées grossièrement. Malaxez bien le tout à la main pour assouplir le chou.

4 Déposez les feuilles sur une plaque recouverte de papier sulfurisé.

5 Enfournez pour 10 minutes, jusqu'à ce que les feuilles commencent à dorer (elles ne doivent pas griller). Laissez refroidir quelques minutes, saupoudrez de gomasio et servez aussitôt.

POUR 4 PERSONNES PRÉPARATION : 5 MIN CUISSON : 10 MIN

VEGAN
SANS GLUTEN
SANS LACTOSE

Frites de patates douces
et guacamole

INGRÉDIENTS

2 patates douces

1 cuil. à soupe d'huile de tournesol

1 cuil. à café d'ail en poudre

½ cuil. à café de paprika fumé

½ cuil. à café de fleur de sel

Pour le guacamole :

1 avocat

1 cuil. à soupe de feuilles de coriandre hachées

1 petite tomate

1 gousse d'ail

½ citron vert

1 pincée de sel

1 Préchauffez le four à 225 °C (th. 7-8).

2 Brossez et rincez soigneusement les patates douces. Coupez-les en bâtonnets, puis mettez-les dans un saladier avec le paprika fumé, la fleur de sel, l'ail en poudre et l'huile de tournesol. Mélangez le tout avec les mains afin que les bâtonnets de patate douce soient bien enrobés.

3 Chemisez une plaque de cuisson de papier sulfurisé, puis déposez-y les frites de patates douces en une couche uniforme. Enfournez et laissez cuire 30 minutes environ jusqu'à ce que les frites soient dorées et croustillantes.

4 Pendant ce temps, épluchez l'avocat et retirez le noyau. Dans un grand bol, mettez la chair de l'avocat, la gousse d'ail écrasée et le sel. Pressez dessus le jus de citron vert et écrasez le tout grossièrement à l'aide d'une fourchette.

5 Lavez et coupez la tomate en petits dés. Incorporez-les ainsi que les feuilles de coriandre à la purée d'avocat.

6 Servez immédiatement en trempant les frites de patates douces dans le guacamole.

POUR 4 PERSONNES PRÉPARATION : 20 MIN CUISSON : 30 MIN

Bruschetta d'été

INGRÉDIENTS

2 tranches de pain de campagne au levain

200 g de tomates (bien mûres)

60 g de mozzarella

4 brins de persil

1 brin de basilic

1 échalote

6 olives

huile d'olive

sel de Guérande

1 Coupez finement les tomates, épépinez-les. Coupez la mozzarella en petits dés.

2 Toastez les tranches de pain (de 0,5 à 1 cm d'épaisseur) pour qu'elles soient bien croustillantes. Frottez-les avec l'échalote et arrosez-les d'huile d'olive.

3 Déposez sur chaque tranche la moitié des tomates et de la mozzarella, 3 olives coupées en rondelles, les feuilles de 2 branches de persil coupées finement et quelques feuilles de basilic.

4 Arrosez de nouveau d'un filet d'huile d'olive et saupoudrez de sel de Guérande. Dégustez aussitôt.

POUR 2 PERSONNES PRÉPARATION : 15 MIN CUISSON : 5 MIN

Toasts de pois chiches
et leurs tartinades estivales

VEGAN
SANS GLUTEN
SANS LACTOSE

1 Préparez les toasts : dans une casserole, mélangez vivement au fouet la farine de pois chiches avec le sel, 60 cl d'eau et l'huile d'olive. Portez la préparation à ébullition sur feu doux/moyen, sans cesser de mélanger : elle va s'épaissir. Versez la pâte obtenue dans un moule carré de 22 cm, recouvert de papier sulfurisé. Laissez refroidir, puis placez pour 1 heure au réfrigérateur.

2 Transférez la pâte sur une planche à découper et détaillez-la en rectangles. Faites cuire au four préalablement préchauffé à 200 °C (th. 6-7) pendant 20 minutes, en les retournant à mi-cuisson.

3 Préparez les tartinades : déposez le poivron et l'aubergine sur une plaque recouverte de papier sulfurisé et enfournez à 200 °C (th. 6-7) pour 20 minutes, en les retournant deux ou trois fois. Déposez-les dans un sachet et attendez qu'ils refroidissent.

4 Ôtez la peau, le pédoncule et les graines du poivron, puis placez-le dans le bol du robot avec le reste des ingrédients de la poivronade. Mixez jusqu'à l'obtention d'une préparation homogène. Réservez. Ôtez la peau de l'aubergine et mixez la chair avec les autres ingrédients du caviar.

5 Réservez la poivronade et le caviar au frais avant de déguster avec les toasts.

INGRÉDIENTS

Pour les toasts :

150 g de farine de pois chiches

1 cuil. à soupe d'huile d'olive

1 cuil. à café de sel

Pour la poivronade au tofu et au curry :

1 poivron rouge

60 g de tofu ferme nature

1 cuil. à café de curry

1 gousse d'ail pelée

1 belle cuil. à soupe d'huile d'olive

1 pincée de sel

Pour le caviar d'aubergine :

1 aubergine

1 gousse d'ail pelée

1 belle cuil. à soupe d'huile d'olive

1 cuil. à soupe de vinaigre balsamique

1 pincée de sel

ASTUCE

Mettez plus de légumineuses à votre table en variant leurs formes : flocons de pois chiches ou d'azukis, farines de lentilles et de pois chiches… Tous sont riches en saveurs et en nutriments !

POUR 3 PERSONNES PRÉPARATION : 15 MIN CUISSON : 40 MIN RÉFRIGÉRATION : 1 H

Toasts à l'avocat

VEGAN
SANS LACTOSE

INGRÉDIENTS

1 avocat

2 à 4 tranches de pain complet (selon la taille)

huile de pépins de courge grillés

quelques radis

paillettes de spiruline

graines de courge

gomasio (condiment de sésame)

1 Étalez sur chaque tranche de pain ½ cuillerée à café d'huile de pépins de courge grillés.

2 Épluchez l'avocat, ôtez le noyau, coupez la chair en lamelles ou en petits morceaux, puis disposez-les ou écrasez-les directement sur le pain.

3 Coupez les radis en fines rondelles. Arrosez chaque tartine de ½ cuillerée à café d'huile de pépins de courge, puis saupoudrez-la d'une pincée de paillettes de spiruline, de graines de courge et de gomasio. Décorez avec quelques rondelles de radis.

POUR 2 PERSONNES PRÉPARATION : 15 MIN

Pain apéritif pesto
au persil et fromage de brebis

1 Préchauffez le four à 200 °C (th. 6-7).

2 Incisez le pain au levain en diagonale, dans deux sens, afin de former des carreaux et en prenant soin de ne pas couper la croûte du dessous. Réservez.

3 Préparez le pesto : lavez et effeuillez le persil. Épluchez les gousses d'ail. Placez les feuilles de persil, les gousses d'ail, le sel et le poivre dans le bol d'un robot mixeur. Mixez et versez en filet l'huile d'olive.

4 Râpez grossièrement la tomme de brebis. Remplissez les interstices du pain au levain de tomme râpée et de pesto au persil.

5 Emballez le pain dans une grande feuille de papier sulfurisé, puis dans du papier d'aluminium. Placez le pain ainsi emballé sur une plaque de cuisson et mettez au four.

6 Laissez cuire 20 minutes puis déballez le pain et remettez au four pour 10 minutes supplémentaires. Le pain apéritif est prêt lorsque le fromage est bien fondu et doré sur le dessus. Servez immédiatement.

INGRÉDIENTS

1 pain au levain de 500 g environ

½ bouquet de persil plat

3 gousses d'ail

10 cl d'huile d'olive

150 g de tomme de brebis

½ cuil. à café de sel fin

¼ cuil. à café de poivre moulu

POUR 4 PERSONNES PRÉPARATION : 15 MIN CUISSON : 30 MIN

Mille-feuille
de betterave et mousse aux herbes

VEGAN
SANS GLUTEN
SANS LACTOSE

INGRÉDIENTS

4 petites betteraves cuites

100 g de pignons de pin

1 petite tête d'ail

15 cl d'huile d'olive + 1 cuil. à soupe

1 cuil. à soupe de feuilles de persil hachées

1 cuil. à soupe de feuilles de basilic hachées

1 cuil. à soupe de ciboulette ciselée

½ cuil. à café de sel + un peu pour l'ail

¼ de cuil. à café de poivre

1 La veille, mettez les pignons de pin dans un bol et recouvrez d'eau. Laissez tremper pendant la nuit. Égouttez.

2 Préchauffez le four à 180 °C (th. 6).

3 Coupez le dessus de la tête d'ail en prenant garde de la laisser entière. Arrosez de 1 cuillerée à soupe d'huile d'olive et saupoudrez de sel. Emballez dans une feuille de papier d'aluminium et enfournez pour 20 minutes. Les gousses d'ail doivent être fondantes. Retirez la chair et réservez.

4 Épluchez les betteraves et tranchez-les très finement et régulièrement à l'aide d'une mandoline ou d'un long couteau. Dans le bol d'un robot mixeur, placez les gousses d'ail rôties, les pignons de pin égouttés, l'huile d'olive, le sel, le poivre, le persil, le basilic, la ciboulette. Mixez jusqu'à ce que la mousse aux herbes soit lisse et crémeuse.

5 À l'aide de cercles à pâtisserie, montez les mille-feuilles : placez 1 tranche de betterave, étalez 1 cuillerée à café de mousse aux herbes, puis à nouveau 1 tranche de betterave et ainsi de suite en finissant par 1 tranche de betterave.

6 Conservez au frais jusqu'au moment de servir. Retirez les cercles à pâtisserie et servez en entrée d'un repas festif.

POUR 4 PERSONNES **PRÉPARATION : 45 MIN** **REPOS : 12 H** **CUISSON : 20 MIN**

Rouleaux de printemps multicolores

VEGAN
SANS GLUTEN
SANS LACTOSE

INGRÉDIENTS

50 g de vermicelles de riz

12 feuilles de riz de 18 cm de diamètre

Idées de garniture :

carotte et betterave râpées

chou rouge émincé

bâtonnets de concombre

petits cubes de mangue, de poire ou de pomme

lamelles de fraise

brunoise de radis rose

bâtonnets ou rondelles très fines de radis red meat et de betterave chioggia

feuilles de laitue

feuilles de basilic, menthe et coriandre

graines de sésame blond et noir

Pour la sauce :

3 cuil. à soupe de purée d'amandes

2 cuil. à soupe de vinaigre de riz

1 cuil. à café de sauce soja

1 cuil. à café de sirop d'agave

1 Préparez les garnitures de votre choix.

2 Réhydratez les vermicelles comme indiqué sur le paquet.

3 Dans une assiette d'eau tiède, trempez une feuille de riz une quinzaine de secondes. Déposez-la sur un torchon humidifié. Selon votre goût, garnissez-la au premier tiers de crudités, de nouilles de riz et de feuilles de basilic, menthe ou coriandre. Repliez la partie inférieure de la feuille de riz sur la garniture, repliez les parties gauche et droite sur la garniture et roulez bien serré. Recommencez jusqu'à épuisement des ingrédients. Réservez au réfrigérateur.

4 Préparez la sauce à la purée d'amandes en mélangeant tous les ingrédients. Au besoin, détendez avec un peu d'eau pour avoir une sauce onctueuse.

5 Servez les rouleaux de printemps très frais avec leur sauce.

POUR 12 ROULEAUX **PRÉPARATION : 30 MIN**

Onigiris aux herbes

VEGAN
SANS GLUTEN
SANS LACTOSE

1 Mettez le riz dans un saladier rempli d'eau et mélangez-le avec les mains. Égouttez et répétez l'opération deux ou trois fois jusqu'à ce que l'eau soit presque claire.

2 Préparez l'assaisonnement vinaigré en chauffant, dans une casserole, le vinaigre de riz, le sucre et le sel. Pendant ce temps, faites cuire le riz avec 60 cl d'eau pendant 12 minutes à couvert sur feu moyen. Il doit être fondant. Étalez alors le riz sur un grand plat et incorporez l'assaisonnement vinaigré.

3 Lavez et séchez les feuilles de coriandre, de basilic et de persil. Hachez-les grossièrement, puis incorporez-les au riz vinaigré.

4 Formez 8 boulettes de riz et façonnez-les en forme de triangle. Découpez 8 carrés dans les feuilles de nori et collez-les aux onigiris. Servez à température ambiante avec une poêlée de légumes asiatiques.

INGRÉDIENTS

- 450 g de riz rond japonais
- 10 cl de vinaigre de riz
- 45 g de sucre en poudre
- 2 feuilles de nori
- 1 cuil. à soupe de feuilles de coriandre
- 1 cuil. à soupe de feuilles de persil
- 1 cuil. à soupe de feuilles de basilic
- ½ cuil. à café de sel

POUR 4 PERSONNES **PRÉPARATION : 30 MIN** **CUISSON : 12 MIN**

Omelette espagnole

SANS GLUTEN
SANS LACTOSE

INGRÉDIENTS

250 g de pommes de terre
3 œufs
1 oignon
2 pincées de basilic
huile d'olive
2 pincées de sel

1 Épluchez les pommes de terre et l'oignon et coupez-les à la mandoline. Faites revenir les pommes de terre dans un peu d'huile et réservez. Procédez de la même manière avec l'oignon avant d'y ajouter les pommes de terre. Faites cuire le tout pendant 1 minute.

2 Fouettez vigoureusement les œufs, le sel et le basilic dans un saladier. Ajoutez-y les pommes de terre et l'oignon, mélangez bien.

3 Reversez toute la préparation dans une poêle bien huilée. Laissez cuire à feu moyen pendant quelques minutes. Lorsque les bords sont cuits, retournez l'omelette à l'aide d'une assiette et faites cuire l'autre face à feu très doux.

4 Servez cette omelette tiède ou froide, découpée en petits carrés pour l'apéritif !

POUR 2 À 4 PERSONNES PRÉPARATION : 10 MIN CUISSON : 20 MIN

Quesadillas avocat, mozzarella

1 Coupez la mozzarella en 16 tranches. Épluchez l'avocat et retirez le noyau, puis découpez la chair en 16 tranches.

2 Sur chaque tortilla, placez 2 tranches de mozzarella et 2 tranches d'avocat. Parsemez de quelques feuilles de coriandre et repliez en deux la tortilla. Continuez jusqu'à obtenir 8 tortillas.

3 Chauffez une grande poêle à fond épais sur feu vif. Mettez 2 tortillas et faites cuire 3 minutes environ de chaque côté, jusqu'à ce que les tortillas soient dorées et le fromage fondu.

4 Servez immédiatement les tortillas en apéritif ou accompagnées d'une salade verte.

INGRÉDIENTS

8 tortillas de blé

1 avocat mûr mais ferme

250 g de mozzarella

2 cuil. à soupe de feuilles de coriandre

POUR 4 PERSONNES **PRÉPARATION : 10 MIN** **CUISSON : 25 MIN**

VEGAN
SANS GLUTEN
SANS LACTOSE

Chaussons au poireau, coco et curcuma

INGRÉDIENTS

1 pâte feuilletée végétalienne
1 poireau
3 cuil. à soupe de crème de coco
1 cuil. à soupe d'huile de coco
½ cuil. à café de curcuma moulu
1 oignon jaune
1 gousse d'ail
1 pincée de sel
1 pincée de poivre noir

1 Préchauffez le four à 180 °C (th. 6).

2 Rincez le poireau et émincez-le. Pelez l'oignon et l'ail et hachez-les finement. Faites revenir les légumes à feu moyen dans l'huile de coco pendant 6 minutes. Ajoutez la crème, le sel, le poivre et le curcuma et poursuivez la cuisson 2 minutes.

3 Déroulez la pâte feuilletée. Découpez des ronds de pâte au verre ou à l'emporte-pièce, garnissez de farce et repliez en chaussons, en prenant soin de bien sceller les bords.

4 Répartissez les chaussons sur une feuille de papier sulfurisé et enfournez pour 25 minutes environ. Laissez tiédir avant de déguster.

VARIANTE

Essayez aussi avec du curry.

POUR 8 CHAUSSONS PRÉPARATION : 5 MIN CUISSON : 35 MIN

Samoussas aux petits pois

VEGAN
SANS LACTOSE

INGRÉDIENTS

550 g de farine + un peu pour le plan de travail
500 g de pommes de terre
250 g de petits pois frais
2 gousses d'ail
1 oignon
2 cm de gingembre frais râpé
1 cuil. à café de graines de cumin
½ cuil. à café de graines de fenouil
1 cuil. à café de garam masala
1 cuil. à café de coriandre moulue
½ bouquet de coriandre
½ citron
½ cuil. à café de poudre à lever
12 cl d'huile + 1 cuil. à café
sel

Pour la sauce :

40 cl de lait de coco
½ bouquet de menthe
1 pincée de sel

1 Dans un saladier, mélangez la farine, la poudre à lever, ½ cuillerée à café de sel, l'huile et 1,5 cl d'eau froide. Travaillez afin d'obtenir une pâte lisse et souple. Emballez-la et réservez-la au réfrigérateur.

2 Préchauffez le four à 180 °C (th. 6). Épluchez les pommes de terre et coupez-les en petits cubes. Épluchez et émincez l'oignon et les gousses d'ail.

3 Faites chauffer la cuillerée à café d'huile dans une casserole sur feu moyen. Faites revenir l'oignon, l'ail, le gingembre, le cumin, le fenouil, le garam masala et la coriandre moulue pendant 5 minutes. Lavez et hachez les feuilles de coriandre. Ajoutez les cubes de pomme de terre, les petits pois, le jus de citron et les feuilles de coriandre hachées. Laissez cuire 20 minutes environ jusqu'à ce que les pommes de terre soient tendres. Mélangez en écrasant les légumes.

4 Farinez un plan de travail et étalez la pâte sortie du réfrigérateur. Coupez une vingtaine de grands cercles de pâte. Placez 1 grosse cuillerée à soupe de légumes sur chaque cercle. Refermez la pâte sur la farce en formant un triangle. Placez sur une plaque de cuisson recouverte de papier sulfurisé. Enfournez pour 40 minutes. Les samoussas doivent être dorés.

5 Lavez les feuilles de menthe et mettez-les dans le bol d'un mixeur avec le lait de coco. Mixez jusqu'à l'obtention d'une crème verte bien lisse et ajoutez le sel. Servez les samoussas bien chauds avec la crème.

POUR 4 PERSONNES PRÉPARATION : 45 MIN CUISSON : 1 H

Falafels
aux tomates confites

VEGAN
SANS LACTOSE

INGRÉDIENTS

- 2 boîtes de pois chiches (2 × 400 g)
- 10 tomates confites
- 2 cuil. à soupe de feuilles de persil
- ½ cuil. à café de poudre à lever
- 3 cuil. à soupe d'huile d'olive
- 2 cuil. à soupe de farine
- 1 pincée de sel
- 1 pincée de poivre

1 Préchauffez le four à 200 °C (th. 6-7).

2 Dans le bol d'un robot mixeur, placez les pois chiches égouttés, les tomates confites, les feuilles de persil, la poudre à lever, la farine, le sel, le poivre et 2 cuillerées à soupe d'huile d'olive. Mixez jusqu'à l'obtention d'une pâte bien homogène.

3 Avec les mains humides, formez des boulettes de la taille d'une grosse noix et placez-les sur une plaque de cuisson recouverte de papier sulfurisé. À l'aide d'un pinceau, badigeonnez les falafels avec l'huile d'olive restante.

4 Enfournez et laissez cuire 45 minutes environ. Les falafels doivent être dorés et croustillants. Servez bien chaud.

POUR 4 PERSONNES PRÉPARATION : 20 MIN CUISSON : 45 MIN

Pancakes de courge

INGRÉDIENTS

450 g de purée de courge nature

2 œufs

50 g de farine

10 cl de lait

2 cuil. à soupe de feuilles de coriandre hachées

2 cuil. à café de poudre à lever

1 cuil. à café de coriandre moulue

1 filet d'huile

1 cuil. à café de sel

½ cuil. à café de poivre moulu

1 Cassez les œufs en séparant les blancs des jaunes. À l'aide d'un batteur, montez les blancs en neige ferme. Réservez.

2 Dans un saladier, mélangez la purée de courge, les jaunes d'œufs, le lait, le sel, le poivre, la farine, la poudre à lever, la coriandre moulue et les feuilles de coriandre.

3 Incorporez délicatement les blancs d'œufs à l'aide d'une spatule souple.

4 Faites chauffer une grande poêle avec l'huile sur feu moyen. Versez des cuillerées de pâte bien séparées les unes des autres. Laissez cuire 5 minutes de chaque côté. Les pancakes sont cuits lorsqu'ils sont bien dorés.

5 Servez immédiatement les pancakes, pour un apéro ou en entrée, accompagnés de salade verte.

POUR 4 PERSONNES PRÉPARATION : 20 MIN CUISSON : 30 MIN

Cake aux légumes d'été

VEGAN
SANS LACTOSE

1 Dans un saladier, mélangez la crème, le lait, l'huile et le vinaigre ou le jus de citron. Ajoutez la farine, la poudre à lever, le bicarbonate et le sel, puis mélangez vivement au fouet.

2 Lavez la courgette et la tomate et détaillez-les en petits dés. Incorporez les légumes ainsi que les olives à la préparation.

3 Préchauffez le four à 180 °C (th. 6).

4 Huilez un moule à cake et versez-y la pâte.

5 Enfournez pour 50 minutes à 1 heure. Laissez refroidir avant de démouler.

INGRÉDIENTS

180 g de farine de blé T80

1 courgette

1 tomate

une quinzaine d'olives noires

20 cl de crème de soja, d'avoine ou d'amande

10 cl de lait de soja, d'avoine ou d'amande

50 g d'huile d'olive + un peu pour le moule

1 cuil. à soupe de vinaigre de cidre ou de jus de citron jaune

2 cuil. à café de poudre à lever

1 cuil. à café de bicarbonate alimentaire

1 cuil. à café rase de sel

ASTUCE

Vous pouvez ajouter des graines de courge ou de tournesol à la pâte. Ces dernières sont diurétiques et antioxydantes, parfaites pour la vessie et la peau ! Découpez des parts de cake, emballez-les et conservez-les au congélateur, afin d'en avoir toujours sous la main : la congélation retarde la détérioration des aliments et en préserve la qualité.

POUR 6 PERSONNES **PRÉPARATION : 10 MIN** **CUISSON : 50 MIN À 1 H**

Petits cakes
aux légumes

VEGAN
SANS GLUTEN
SANS LACTOSE

INGRÉDIENTS

100 g de farine de riz complet
40 g de farine de pois chiches
30 cl de lait végétal au choix
1 poivron rouge
1 courgette
2 gousses d'ail
1 oignon jaune
60 g de purée d'amandes blanches
20 g d'huile de tournesol
20 g d'huile de coco
1 cuil. à soupe d'huile d'olive + un peu pour les moules
1 petite cuil. à café de bicarbonate alimentaire
1 cuil. à café de graines de cumin
1 pincée de sel
1 pincée de poivre noir

1 Rincez le poivron et la courgette et coupez-les en petits cubes. Pelez et hachez finement l'ail et l'oignon et faites revenir les légumes dans l'huile d'olive, à feu moyen et à couvert, pendant 15 minutes.

2 Préchauffez le four à 180 °C (th. 6).

3 Mélangez dans un saladier les farines avec le bicarbonate, le cumin, le sel et le poivre. Dans un bol, délayez la purée d'amandes dans le lait, incorporez l'huile de tournesol et l'huile de coco fondue et transférez la préparation dans le saladier. Mélangez, puis ajoutez les légumes.

4 Répartissez dans de petits moules à cake huilés et enfournez pour 35 minutes. Laissez refroidir avant de déguster.

VARIANTE

Et si vous ajoutiez des herbes de Provence et des épices à la pâte ?

POUR 10 PETITS CAKES PRÉPARATION : 10 MIN CUISSON : 50 MIN

Muffins pain de maïs

INGRÉDIENTS

150 g de grains de maïs cuits
125 g de polenta
125 g de farine de blé
2 œufs
1 ciboule
25 g de sucre en poudre
1 cuil. à soupe de persil
1 cuil. à café de romarin
2 cuil. à café de poudre à lever
1 cuil. à café de bicarbonate de soude
60 cl d'huile d'olive + un peu pour les moules
10 cl de lait
¾ de cuil. à café de sel

1 Préchauffez le four à 180 °C (th. 6).

2 Lavez et émincez la ciboule, le persil et le romarin.

3 Dans un saladier, mélangez la polenta, la farine, le sucre, le bicarbonate, la poudre à lever et le sel. Dans un grand bol, mélangez le lait, les œufs et l'huile d'olive. Ajoutez ce mélange au premier, puis les grains de maïs, la ciboule, le persil et le romarin.

4 Versez la pâte dans 6 moules à muffins graissés ou dans des caissettes en papier. Enfournez pour 30 minutes environ, jusqu'à ce que la pointe d'un couteau enfoncée au cœur ressorte sèche.

5 Laissez refroidir sur une grille à pâtisserie. Servez en entrée ou emportez-les pour un pique-nique.

ASTUCE

Les muffins se conservent 3 jours dans une boîte hermétique ou bien emballés pendant 3 mois au congélateur.

POUR 6 PERSONNES **PRÉPARATION : 20 MIN** **CUISSON : 30 MIN**

Mini-madeleines chèvre-basilic

1 Mélangez vigoureusement dans un saladier l'huile d'olive, le sel, le bicarbonate, le basilic et l'œuf. Incorporez peu à peu la farine en la tamisant.

2 Coupez la bûche de chèvre en petits morceaux et ajoutez-les à la préparation. Remuez jusqu'à ce que le mélange soit homogène.

3 Préchauffez le four à 150 °C (th. 5, grille en haut).

4 Huilez légèrement le moule à mini-madeleines. Déposez 1 petite cuillerée à café de pâte dans chacune des alvéoles, en veillant à bien l'étaler et en enlevant le surplus.

5 Enfournez les madeleines pour 10 petites minutes (selon le four). Laissez-les un peu refroidir avant de démouler.

INGRÉDIENTS

50 g de farine d'épeautre T70

25 g de bûche de chèvre

1 œuf

3 cuil. à soupe d'huile d'olive

1 cuil. à café de basilic

½ cuil. à café de bicarbonate alimentaire

un peu d'huile de coco ou d'olive pour le moule

½ cuil. à café de sel de Guérande

POUR 4 PERSONNES PRÉPARATION : 15 MIN CUISSON : 10 MIN

Étoiles aux deux olives

VEGAN
SANS LACTOSE

INGRÉDIENTS

140 g de farine T65

25 g de farine de sarrasin

50 g de beurre végétal à température ambiante

8 olives vertes dénoyautées

8 olives noires dénoyautées

½ cuil. à café de sel de Guérande

1 Tamisez les farines dans un saladier et salez. Ajoutez le beurre, mélangez, puis incorporez les olives coupées en rondelles. Travaillez la pâte jusqu'à ce qu'elle soit bien homogène. Réservez au frais, au minimum 1 heure, dans un récipient hermétique.

2 Préchauffez le four à 150 °C (th. 5).

3 Étalez la pâte à l'aide d'un rouleau à pâtisserie entre deux feuilles de papier sulfurisé pour l'aplatir facilement. Retirez le papier sulfurisé et découpez les étoiles à l'aide d'un emporte-pièce.

4 Disposez-les sur une plaque tapissée de papier sulfurisé et enfournez pour 20 minutes. Laissez refroidir avant de servir.

ASTUCE

Réalisez des formes différentes au gré de vos emporte-pièce !

POUR 4 À 6 PERSONNES PRÉPARATION : 20 MIN CUISSON : 20 MIN REPOS : 1 H

Sablés au roquefort

1 Dans un saladier, à l'aide d'une spatule, mélangez le beurre et le roquefort. Ajoutez la farine, mélangez bien, puis ajoutez le jaune d'œuf.

2 Divisez la pâte en deux et formez des boudins de 3 cm de diamètre environ. Filmez-les et laissez-les reposer 1 heure au réfrigérateur.

3 Préchauffez le four à 200 °C (th. 6-7).

4 Sortez les boudins de pâte du réfrigérateur. Retirez le film autour de la pâte et découpez chaque boudin en tranches de 1 cm environ. Déposez les sablés sur une plaque de cuisson recouverte de papier cuisson et faites cuire 15 minutes environ jusqu'à ce que les sablés soient dorés.

5 Servez à température ambiante à l'apéritif.

INGRÉDIENTS

150 g de farine de blé

80 g de beurre à température ambiante

50 g de roquefort à température ambiante

1 jaune d'œuf

POUR 4 PERSONNES **PRÉPARATION : 10 MIN** **RÉFRIGÉRATION : 1 H** **CUISSON : 15 MIN**

Scones ciboulette, mimolette

INGRÉDIENTS

250 g de farine

2 cuil. à soupe de ciboulette ciselée

50 g de mimolette extra-vieille râpée

50 g de beurre à température ambiante

1 œuf + 1 jaune d'œuf

15 cl de lait

½ cuil. à soupe de poudre à lever

½ cuil. à café de sel

½ cuil. à café de poivre moulu

1 Préchauffez le four à 180 °C (th. 6).

2 Dans un saladier, mélangez la farine, la poudre à lever, le sel, le poivre et la ciboulette. Incorporez le beurre du bout des doigts afin d'obtenir un mélange sablonneux.

3 Fouettez l'œuf entier avec le lait et incorporez ce mélange à la farine, ainsi que la mimolette. La pâte doit être homogène et collante.

4 Chemisez une plaque de cuisson de papier sulfurisé. Avec les mains farinées, formez une boule de pâte, puis aplatissez-la sur la plaque. À l'aide d'un grand couteau, coupez la pâte en 8 parts égales. Badigeonnez les scones avec le jaune d'œuf.

5 Enfournez pour 30 minutes environ. Les scones doivent être dorés, mais souples. Servez tiède en apéritif, lors d'un brunch ou d'un pique-nique.

POUR 8 PERSONNES **PRÉPARATION : 15 MIN** **CUISSON : 30 MIN**

Cheesecake salé

INGRÉDIENTS

250 g de ricotta

250 g de mascarpone

250 g de tofu soyeux

75 g de crackers nature

50 g de beurre fondu

1 cuil. à café de sel

½ cuil. à café de poivre moulu

1 Préchauffez le four à 180 °C (th. 6). Chemisez un moule à charnière de papier sulfurisé.

2 Dans le bol d'un robot mixeur, placez les crackers et le beurre fondu. Mixez jusqu'à l'obtention d'un mélange sablonneux. Versez ce mélange dans le fond du moule à charnière et tassez en une couche homogène à l'aide d'un fond de verre plat. Mettez le moule au réfrigérateur le temps de préparer la crème du cheesecake.

3 Dans un saladier, mélangez la ricotta, le mascarpone et le tofu soyeux afin d'obtenir une crème bien lisse. Ajoutez le sel et le poivre. Versez la crème dans le moule.

4 Enfournez et laissez cuire 40 minutes environ. Le cheesecake doit être bien doré et la crème prise.

5 Laissez refroidir dans le moule, puis servez à température ambiante avec une salade verte et des tomates, en entrée.

POUR 6 PERSONNES PRÉPARATION : 30 MIN CUISSON : 40 MIN

Flans de petits pois

SANS GLUTEN

1 Préchauffez le four à 160 °C (th. 5-6).

2 Portez à ébullition une casserole d'eau salée et faites cuire 10 minutes les petits pois. Égouttez-les, puis placez-les dans le bol d'un robot mixeur avec les œufs, le beurre fondu, la crème, le lait, ½ cuillerée à café de sel, ¼ de cuillerée à café de poivre et les feuilles du brin d'estragon. Mixez jusqu'à l'obtention d'une crème bien lisse.

3 Huilez 6 ramequins et répartissez la crème dedans. Placez-les dans un grand plat à gratin et versez de l'eau bouillante jusqu'à mi-hauteur. Enfournez et laissez cuire 20 minutes environ. Les flans sont cuits lorsqu'ils sont pris, mais que le cœur reste tremblotant.

4 Pendant ce temps, hachez le persil et les oignons. Chauffez l'huile d'olive dans une poêle sur feu moyen et faites revenir les girolles avec le persil, le jus de citron, les oignons, le sel et le poivre restants.

5 Démoulez délicatement les flans et répartissez les girolles poêlées dessus. Servez immédiatement comme entrée pour un repas festif.

INGRÉDIENTS

- 500 g de petits pois frais ou surgelés
- 300 g de girolles
- 3 oignons frais
- 3 œufs
- 25 cl de crème liquide entière
- 7,5 cl de lait
- 2 cuil. à soupe de beurre fondu
- 2 cuil. à soupe d'huile d'olive + un peu pour les ramequins
- 2 cuil. à soupe de jus de citron
- 1 brin d'estragon
- 1 cuil. à soupe de feuilles de persil frais
- 1 cuil. à café de sel
- ½ cuil. à café de poivre

POUR 6 PERSONNES PRÉPARATION : 45 MIN CUISSON : 30 MIN

Feuilletés à la tomate

INGRÉDIENTS

1 rouleau de pâte feuilletée

140 g de concentré de tomates

1 cuil. à soupe d'herbes de Provence

2 cuil. à café de miel d'acacia

1 cuil. à café de paprika

½ cuil. à café de sel

¼ de cuil. à café de poivre moulu

1 Préchauffez le four à 180 °C (th. 6).

2 Dans un bol, mélangez le concentré de tomates, les herbes de Provence, le miel d'acacia, le paprika, le sel et le poivre.

3 Déroulez la pâte feuilletée, puis étalez dessus le mélange à la tomate de manière uniforme. Roulez la pâte sur elle-même puis, à l'aide d'un couteau bien tranchant, coupez des tronçons de 1 cm d'épaisseur.

4 Recouvrez une plaque de cuisson de papier sulfurisé et placez-y les feuilletés en laissant de l'espace entre chaque roulé.

5 Enfournez et faites cuire 20 minutes environ, jusqu'à ce que les feuilletés soient dorés. Servez immédiatement.

POUR 4 PERSONNES PRÉPARATION : 30 MIN CUISSON : 20 MIN

Feuilletés au pesto
de roquette

VEGAN
SANS GLUTEN
SANS LACTOSE

INGRÉDIENTS

- 1 pâte feuilletée végétalienne
- 120 g de roquette
- 80 g d'huile d'olive
- 50 g de pignons de pin
- 1 pincée de sel
- 1 pincée de poivre noir

1 Préchauffez le four à 180 °C (th. 6).

2 Rincez la roquette et mixez-la au robot avec l'huile d'olive, les pignons de pin, le sel et le poivre. Répartissez ce pesto sur la pâte feuilletée.

3 Roulez chaque côté de la pâte feuilletée jusqu'au centre et placez le boudin ainsi obtenu au congélateur une dizaine de minutes afin de faciliter le découpage de la pâte.

4 Découpez le boudin en huit et disposez les morceaux sur une plaque recouverte de papier sulfurisé.

5 Enfournez pour 20 minutes. Les feuilletés sont prêts quand ils deviennent bien croustillants.

VARIANTE

Remplacez la roquette par des fanes de carottes !

POUR 4 PERSONNES **PRÉPARATION : 10 MIN** **CONGÉLATION : 10 MIN** **CUISSON : 20 MIN**

Tarte soleil

INGRÉDIENTS

2 pâtes feuilletées

3 cuil. à soupe de sauce tomate au basilic

30 g d'emmental râpé

lait de soja nature

sel de Guérande

1 Préchauffez le four à 175 °C (th. 6). Étalez un rouleau de pâte sur une plaque recouverte de papier sulfurisé.

2 Étalez la sauce tomate et l'emmental sur toute la surface, en laissant 1,5 cm de marge. Saupoudrez de sel et humidifiez légèrement le bord. Déposez la deuxième pâte par-dessus et scellez bien les bords en les pressant entre vos doigts.

3 Badigeonnez sur toute la tarte le lait de soja, à l'aide d'un pinceau. Posez un verre à moutarde à l'envers au centre de la tarte et découpez, tout autour, des « rayons de soleil » allant jusqu'aux bords du verre. Torsadez chaque bande (4 à 6 tours), puis retirez le verre.

4 Enfournez pour 30 minutes de cuisson, puis laissez tiédir avant de déguster.

POUR 8 À 10 PERSONNES PRÉPARATION : 15 MIN CUISSON : 30 MIN

SALADES

Veggie bowl

VEGAN
SANS GLUTEN
SANS LACTOSE

INGRÉDIENTS

400 g d'edamame
250 g de tofu
200 g de riz complet
1 petit concombre
2 avocats
2 ciboules
le jus de 1 orange
le jus de ½ citron vert
2 cuil. à soupe de graines de sésame
2 cuil. à soupe d'huile de sésame
3 cuil. à soupe d'huile de tournesol + un peu pour la cuisson
2 cuil. à soupe de vinaigre de riz
1 cuil. à soupe de sauce soja
2 cuil. à café de sirop d'érable
2 cuil. à café de gingembre frais
½ cuil. à café de sel + un peu pour la cuisson
¼ de cuil. à café de poivre

1 Chauffez une grande casserole d'eau salée et faites cuire le riz 20 minutes. Égouttez et réservez. Pendant ce temps, coupez le tofu et mélangez-le avec le sirop d'érable, le jus d'orange, le sel et le poivre.

2 Faites chauffer une poêle avec un filet d'huile sur feu moyen. Faites rissoler le tofu et sa marinade pendant 15 minutes. Le tofu est prêt lorsqu'il est croustillant et bien doré. Faites cuire les edamame 10 minutes à la vapeur, puis écossez-les.

3 Émincez les ciboules. Épluchez et râpez le gingembre. Épluchez le concombre et les avocats. Coupez-les en petits cubes.

4 Dans un bol, mélangez le gingembre, le vinaigre de riz, l'huile de sésame, l'huile de tournesol, le jus de citron vert et la sauce soja.

5 Répartissez le riz dans 4 assiettes creuses et ajoutez les dés d'avocat, de concombre, le tofu croustillant et les edamame. Assaisonnez avec la sauce. Saupoudrez avec les graines de sésame et les ciboules émincées.

6 Servez à température ambiante.

POUR 4 PERSONNES **PRÉPARATION : 20 MIN** **CUISSON : 35 MIN**

Buddha bowl

1 Dans une casserole, portez 20 cl d'eau à ébullition avec l'huile et 2 pincées de sel. Versez le boulgour en pluie, couvrez et laissez gonfler hors du feu. Égrenez le boulgour avec une fourchette.

2 Rincez et égouttez les pois chiches. Pelez et tranchez finement l'oignon. Égrenez la grenade. Dénoyautez les dattes et coupez-les en petits morceaux. Concassez grossièrement les noix.

3 Préparez la vinaigrette en mélangeant tous les ingrédients. Mélangez le yaourt grec avec la menthe séchée, du sel et du poivre.

4 Pelez si besoin et coupez la betterave en petits dés. Détachez les tiges des feuilles des épinards, lavez les feuilles soigneusement et taillez-les en fines lanières. Dans un saladier, mélangez la betterave avec un tiers de vinaigrette. Procédez de même avec les lanières d'épinards dans un autre saladier.

5 Dans 2 grands bols, répartissez le boulgour, les dés de betterave et les lanières d'épinards, l'oignon émincé, les pois chiches et la grenade. Ajoutez la sauce au yaourt et le restant de vinaigrette, puis décorez avec les noix concassées et les petits morceaux de datte.

INGRÉDIENTS

125 g de boulgour de blé (ou d'une autre variété de céréales)

125 g de pois chiches déjà cuits (ou en boîte)

125 g de yaourt grec

¼ d'oignon rouge

½ grenade

1 petite betterave cuite

2 poignées de feuilles d'épinards

12 cerneaux de noix de Grenoble

2 dattes

1 pincée de feuilles de menthe séchée

1 cuil. à soupe d'huile d'olive

sel marin et poivre

Pour la vinaigrette :

3 cuil. à soupe d'huile de colza

1 cuil. à soupe de vinaigre de vin

1 cuil. à soupe de mélasse de grenade

POUR 2 PERSONNES PRÉPARATION : 20 MIN CUISSON : 10 MIN

Salade de choux
rouge et blanc, raisin et noix

VEGAN
SANS LACTOSE

INGRÉDIENTS

150 g de chou rouge
150 g de chou blanc
150 g de raisin au choix
80 g d'orge perlé
50 g de noix de Grenoble
120 g de crème de soja, d'amande ou d'avoine
1 cuil. à soupe de moutarde forte
1 cuil. à soupe de purée de sésame ½ complet
1 pincée de sel

1 Faites cuire l'orge perlé une trentaine de minutes à l'eau bouillante. Égouttez-le, puis passez-le sous l'eau froide avant de l'égoutter de nouveau.

2 Lavez le chou rouge, le chou blanc et le raisin. Hachez le chou finement et découpez les grains de raisin en deux. Concassez les noix de Grenoble.

3 Dans un bol, mélangez à la fourchette la crème, la moutarde, la purée de sésame et le sel.

4 Mélangez tous les ingrédients dans un saladier avant de servir.

ASTUCE

Servez-vous de pots en verre, type pots à compote ou à confiture, pour emporter vos salades : c'est économique, écologique et pratique. Contrairement au plastique, le verre est une matière inerte ; les aliments n'entrent donc pas en contact avec les particules nocives contenues dans le plastique.

POUR 3 À 4 PERSONNES **PRÉPARATION : 10 MIN** **CUISSON : 30 MIN**

Salade de butternut rôtie
et petit épeautre

VEGAN
SANS LACTOSE

1 Mettez le petit épeautre à tremper pendant 12 heures. Au bout de ce temps, égouttez-le et faites-le cuire dans un grand volume d'eau froide non salée 30 minutes à compter de l'ébullition.

2 Pendant ce temps, préchauffez le four à 180 °C (th. 6). Pelez et coupez la courge en cubes de 2 cm. Déposez les cubes de butternut dans la lèchefrite du four. Arrosez d'un filet d'huile d'olive, saupoudrez de romarin, salez et poivrez et mélangez bien. Enfournez pour 50 minutes en remuant régulièrement.

3 Préparez la vinaigrette. Brossez l'orange sous l'eau. Prélevez le zeste avec une râpe à micro-lames, puis recueillez le jus. Dans un bol, mélangez tous les ingrédients de la vinaigrette. Concassez au couteau les amandes. Dans une poêle chaude, faites-les torréfier quelques secondes en remuant. Pelez et coupez en petits morceaux les poires. Pelez et coupez la pomme en quatre, puis émincez chaque quartier.

4 Dans un saladier, mélangez le petit épeautre, les dés de butternut rôtie et les morceaux de poire avec deux tiers de la vinaigrette. Répartissez la salade de petit épeautre dans 4 assiettes et parsemez de fines lamelles de pomme et d'amandes torréfiées. Arrosez avec le reste de vinaigrette.

INGRÉDIENTS

1 courge butternut de 1 à 1,5 kg

250 g de petit épeautre (ou orge mondé ou gruau d'avoine)

100 g d'amandes entières

2 poires

1 pomme

2 cuil. à soupe d'huile d'olive

1 cuil. à café de romarin haché

sel marin et poivre

Pour la vinaigrette à l'orange :

1 orange

2 cuil. à soupe de vinaigre de vin

2 cuil. à soupe d'huile d'olive

2 cuil. à soupe d'huile de colza

1 cuil. à soupe de moutarde de Dijon

POUR 4 PERSONNES **PRÉPARATION : 25 MIN** **CUISSON : 50 MIN** **TREMPAGE : 12 H**

Salade
aux deux crudités

SANS GLUTEN
SANS LACTOSE

INGRÉDIENTS

2 carottes
1 betterave
5 noix fraîches
2 œufs
1 échalote
1 cuil. à soupe d'huile de sésame grillé
1 cuil. à soupe d'huile d'olive
½ cuil. à soupe de vinaigre de riz
1 cuil. à café de jus de citron
sel de Guérande

1 Plongez les œufs dans une casserole d'eau, portez à ébullition et laissez cuire 5 minutes. Réservez.

2 Préparez l'assaisonnement : dans un saladier, mélangez les huiles, le vinaigre, le jus de citron, l'échalote émincée et le sel.

3 Épluchez les carottes et la betterave, râpez-les et mettez-les dans le saladier avec la sauce. Cassez les noix, hachez-les grossièrement et ajoutez-les aux crudités. Mélangez bien le tout.

4 Écalez les œufs. Servez la salade accompagnée d'un œuf dur coupé en deux.

POUR 2 PERSONNES PRÉPARATION : 15 MIN CUISSON : 5 MIN

Salade de jeunes pousses, avocat, orange, tomates séchées et polenta grillée

VEGAN
SANS LACTOSE

INGRÉDIENTS

80 g de jeunes pousses
1 avocat
1 orange
4 tomates séchées
80 g de polenta (semoule de maïs précuite)
1 cuil. à soupe de graines de courge ou de tournesol
1 belle cuil. à soupe d'huile d'olive
1 cuil. à soupe d'huile de noix
1 belle pincée de sel

1 Versez 30 cl d'eau dans une petite casserole et faites-la chauffer à feu moyen. Lorsqu'elle frémit, ajoutez la polenta et le sel et poursuivez la cuisson 1 bonne minute, sans cesser de mélanger au fouet.

2 Coupez le feu quand la polenta se fait épaisse et versez-la dans un petit plat recouvert de papier sulfurisé, de 16 × 10 cm environ, sur 2 mm d'épaisseur. Laissez reposer 30 minutes à température ambiante.

3 Faites chauffer l'huile d'olive dans une poêle. Découpez la polenta en cubes et faites-les griller 5 minutes en mélangeant deux ou trois fois. Laissez tiédir sur une feuille de papier absorbant.

4 Mélangez les jeunes pousses dans un saladier avec la chair de l'avocat et de l'orange préalablement épluchés et découpés en lamelles, les tomates séchées coupées en petits dés, les graines de courge ou de tournesol et l'huile de noix.

5 Répartissez la salade dans 2 assiettes et garnissez-les de polenta grillée avant de servir.

À SAVOIR

La polenta, comme les autres céréales, est principalement constituée de glucides complexes rassasiants, qui se diffusent lentement dans l'organisme. Accompagnée de verdure et de crudités, elle constitue une heureuse alternative au riz et aux pâtes, tout en offrant une multitude de possibilités !

POUR 2 PERSONNES **PRÉPARATION : 10 MIN** **REPOS : 30 MIN** **CUISSON : 5 À 10 MIN**

Salade de pain rassis

VEGAN
SANS LACTOSE

1 Cassez la miche de pain en plusieurs gros morceaux et trempez-les dans un peu d'eau pendant quelques secondes. Essorez-les soigneusement, recoupez-les en petits morceaux et réservez.

2 Préparez la sauce : dans un saladier, versez les huiles, le vinaigre, le jus de citron et salez généreusement. Ajoutez l'oignon émincé finement et les feuilles de basilic.

3 Coupez les tomates en rondelles, puis en quatre. Procédez de même avec le concombre, puis ajoutez les crudités à la sauce avec les morceaux de pain.

4 Émincez les poivrons et ajoutez-les à la préparation avec le pain. Mélangez soigneusement le tout afin que le pain s'imbibe bien de la sauce.

INGRÉDIENTS

200 g de pain rassis

2 tomates bien mûres

2 mini-poivrons à croquer

1 oignon rouge

½ concombre

2 branches de basilic

4 cuil. à soupe d'huile d'olive

2 cuil. à soupe d'huile de colza

¾ de cuil. à soupe de vinaigre de cidre

1 cuil. à café de jus de citron

sel de Guérande

POUR 4 À 6 PERSONNES **PRÉPARATION : 15 MIN**

Salade
d'asperges vertes

VEGAN
SANS GLUTEN
SANS LACTOSE

INGRÉDIENTS

400 g d'asperges vertes
quelques feuilles de laitue frisée
1 avocat
quelques radis (facultatif)
125 g de tofu aux herbes
huile de coco vierge

Pour l'assaisonnement :

3 cuil. à soupe d'huile d'olive
4 brins de ciboulette
1 gousse de cardamome
sel de Guérande

1 Lavez et épluchez délicatement les asperges en ôtant le bas de la tige (partie la plus dure). Faites-les cuire 10 minutes à la vapeur (testez la cuisson avec une lame de couteau).

2 Découpez le tofu en petits dés et faites-les sauter à la poêle avec un peu d'huile de coco pendant 3 à 4 minutes en remuant régulièrement. Réservez.

3 Préparez l'assaisonnement : lavez la ciboulette et découpez-la finement ; broyez les graines de cardamome dans un mortier ; mélangez avec l'huile d'olive et salez généreusement.

4 Épluchez et coupez l'avocat en tranches dans le sens de la longueur.

5 Préparez 2 assiettes : dans chacune d'elles, déposez 3 feuilles de laitue, la moitié des asperges, un demi-avocat, la moitié du tofu et si, vous le souhaitez, quelques rondelles de radis. Servez avec la sauce.

POUR 2 PERSONNES PRÉPARATION : 15 MIN CUISSON : 15 MIN

Salade
aux trois lentilles

VEGAN
SANS GLUTEN
SANS LACTOSE

1 Plongez les lentilles noires et marron ensemble dans 360 ml d'eau salée (deux fois leur volume environ) et portez à ébullition. Faites cuire à couvert et à feu moyen jusqu'à ce que les lentilles aient absorbé toute l'eau (30 minutes environ). Réservez.

2 Procédez de même avec les lentilles corail : plongez-les dans 120 ml d'eau salée, portez à ébullition, puis faites cuire pendant 10 minutes.

3 Émincez finement l'oignon et faites-le revenir dans une poêle avec l'huile d'olive. Râpez la courgette et ajoutez-la à l'oignon. Laissez cuire à couvert et à feu moyen pendant 5 bonnes minutes.

4 Mélangez les ingrédients de l'assaisonnement dans un saladier : ajoutez toutes les lentilles et le mélange oignon-courgette. Remuez bien l'ensemble. Coupez le poivron en fines rondelles et servez-les avec la salade de lentilles pour y ajouter du croquant.

INGRÉDIENTS

¼ de tasse de lentilles noires beluga

¼ de tasse de lentilles marron de champagne

¼ de tasse de lentilles corail

1 petit poivron

1 courgette

½ oignon rouge

1 cuil. à soupe d'huile d'olive

Pour l'assaisonnement :

2 cuil. à soupe d'huile d'olive

2 cuil. à soupe d'huile de colza

1 cuil. à café de jus de citron

4 brins de persil

sel de Guérande

POUR 1 À 2 PERSONNES **PRÉPARATION : 15 MIN** **CUISSON : 30 MIN**

VEGAN
SANS GLUTEN
SANS LACTOSE

Salade de pommes de terre, radis et asperges

INGRÉDIENTS

600 g de pommes de terre nouvelles

6 radis

1 petite botte d'asperges vertes

1 petit oignon rouge

2 cuil. à soupe de pignons de pin

1 cuil. à soupe de ciboulette ciselée

1 cuil. à soupe de feuilles de persil émincées

8 cl d'huile d'olive

2 cuil. à soupe de vinaigre de cidre

1 cuil. à café de moutarde

1 cuil. à café de sel

¼ de cuil. à café de poivre moulu

1 Lavez et faites cuire les pommes de terre et les asperges à la vapeur pendant 15 minutes. Pelez les pommes de terre et coupez-les en rondelles. Coupez les asperges en petits tronçons. Lavez et coupez finement les radis. Épluchez et émincez finement l'oignon rouge.

2 Dans un bol, mélangez l'huile d'olive, la moutarde, le vinaigre de cidre, le sel, le poivre, la ciboulette et le persil. Faites griller les pignons de pin 5 minutes dans une poêle.

3 Placez dans un saladier les pommes de terre, les asperges, les radis et les pignons de pin et arrosez de vinaigrette. Mélangez bien et servez à température ambiante.

POUR 4 PERSONNES PRÉPARATION : 30 MIN CUISSON : 15 MIN

Salade de pastèque, feta, menthe

SANS GLUTEN

INGRÉDIENTS

1 petite pastèque

100 g de feta

2 cuil. à soupe de feuilles de menthe

3 cuil. à soupe d'huile d'olive

½ cuil. à soupe de vinaigre balsamique

1 cuil. à soupe de jus de citron

½ cuil. à café de sel

¼ de cuil. à café de poivre moulu

1 À l'aide d'un grand couteau, retirez la peau de la pastèque et coupez sa chair en gros cubes.

2 Émincez finement les feuilles de menthe. Émiettez la feta.

3 Dans un saladier, mélangez les cubes de pastèque, la menthe et la feta.

4 Dans un bol, mélangez l'huile d'olive, le vinaigre balsamique, le jus de citron, le sel et le poivre. Assaisonnez la salade avec la vinaigrette et servez très frais.

POUR 4 PERSONNES PRÉPARATION : 20 MIN

Salade de tomates, nectarines et mozzarella

SANS GLUTEN

1 Lavez et coupez en tranches les tomates et les nectarines. Placez-les dans un saladier.

2 Déchirez la mozzarella en gros morceaux. Lavez et ciselez grossièrement les feuilles de basilic. Mettez dans le saladier la mozzarella et le basilic.

3 Dans un bol, mélangez le sel, le poivre, l'huile d'olive et le vinaigre balsamique. Assaisonnez la salade avec cette vinaigrette.

4 Servez la salade bien fraîche.

INGRÉDIENTS

2 tomates moyennes bien mûres

2 nectarines

1 boule de mozzarella

12 cuil. à soupe de feuilles de basilic

5 cl d'huile d'olive

2 cuil. à soupe de vinaigre balsamique

1 cuil. à café de sel

½ cuil. à café de poivre

POUR 4 PERSONNES **PRÉPARATION : 20 MIN**

Pilaf de riz noir,
légumes croquants, câpres et graines

VEGAN
SANS GLUTEN
SANS LACTOSE

INGRÉDIENTS

360 g de riz noir
3 courgettes
3 poivrons verts
3 fenouils
1 oignon
1 botte d'oignons nouveaux
1 tête d'ail nouveau
90 g de câpres au vinaigre
2 cuil. à soupe de graines de courge
2 cuil. à soupe de graines de tournesol
1 cuil. à soupe de graines de sésame
8 cuil. à soupe d'huile d'olive
1 cube de bouillon de légumes
1 cuil. à soupe de vinaigre de cidre
1 cuil. à café de sel
poivre

1 Pelez et ciselez l'oignon. Lavez les oignons nouveaux et émincez-les finement en conservant 10 cm de tige. Émincez finement l'ail. Lavez les légumes. Coupez les courgettes en petits dés et émincez finement les autres légumes. Torréfiez ensemble les graines quelques dizaines de secondes dans une poêle chaude, sans cesser de remuer.

2 Portez à ébullition 60 cl d'eau avec le cube de bouillon. Préchauffez le four à 180 °C (th. 6). Dans une cocotte passant au four, chauffez 2 cuillerées à soupe d'huile avant d'y faire suer l'oignon ciselé pendant 5 minutes. Ajoutez le riz et mélangez avec une cuillère en bois pour bien enrober les grains d'huile. Versez le bouillon, couvrez et mettez au four 20 minutes.

3 Pendant ce temps, dans une poêle, faites revenir les oignons nouveaux et l'ail, puis les légumes séparément avec 1 cuillerée d'huile à chaque fois : ils doivent être encore croquants. Réservez-les.

4 Ajoutez les câpres aux légumes croquants, arrosez de vinaigre, salez, poivrez et mélangez.

5 Sortez la cocotte du four, versez 2 cuillerées à soupe d'huile d'olive, sans remuer, et laissez reposer 5 minutes à couvert. Mélangez le riz avec les légumes croquants avant de laisser refroidir à température ambiante. Au moment de servir, saupoudrez des graines torréfiées.

POUR 6 PERSONNES **PRÉPARATION : 30 MIN** **CUISSON : 30 MIN**

Boulgour aux herbes
et tartare de cœur de bœuf

VEGAN
SANS LACTOSE

1 Retirez les pédoncules des tomates et coupez-les en petits dés. Pelez et ciselez finement les oignons rouges. Lavez et effeuillez le persil et la menthe. Hachez-les finement au couteau. Pelez et hachez finement les oignons nouveaux en laissant 10 cm de vert. Pelez et coupez en petits cubes le concombre. Pressez les citrons.

2 Préparez le boulgour. Portez 35 cl d'eau à ébullition avec ½ cuillerée à café de sel. Versez-la sur le boulgour, couvrez et laissez gonfler jusqu'à refroidissement. Égrenez-le à la fourchette.

3 Préparez le tartare. Dans un saladier, mélangez les dés de tomate et les oignons ciselés avec 3 cuillerées à soupe d'huile d'olive et le vinaigre. Goûtez et rectifiez l'assaisonnement. Dans un autre saladier, mélangez le boulgour froid avec le reste d'huile d'olive, le jus de citron, les cubes de concombre et les herbes. Salez si nécessaire.

4 Accompagnez le boulgour aux herbes et le tartare de cœur de bœuf d'houmous, de caviar d'aubergine et de petits pains plats libanais.

INGRÉDIENTS

250 g de boulgour fin de blé

1 bouquet de persil plat

1 bouquet de menthe

1 kg de tomates cœur de bœuf

2 petits oignons rouges

2 oignons nouveaux

1 concombre

2 citrons jaunes

7 cuil. à soupe d'huile d'olive

1 cuil. à soupe de vinaigre de vin vieux

sel et poivre

À SAVOIR

Le boulgour, c'est le grain de blé dont on a retiré le son et qui est précuit à la vapeur avant d'être séché et concassé. Il existe en grains gros ou fins. Il est très utilisé au Moyen-Orient, notamment pour préparer le taboulé et le kebbé libanais.

POUR 4 PERSONNES **PRÉPARATION : 20 MIN** **CUISSON : 10 MIN** **REPOS : 30 MIN**

VEGAN
SANS GLUTEN
SANS LACTOSE

Salade de quinoa, crudités et pois chiches

INGRÉDIENTS

250 g de quinoa

1 concombre

1 branche de céleri

1 fenouil

2 petits poivrons verts

150 à 200 g de pois chiches déjà cuits (ou en boîte, égouttés et rincés)

1 poignée d'un mélange de petites graines (sésame, pavot, tournesol) et de graines de courge

sel marin

Pour la vinaigrette :

5 cl d'huile de pépins de courge

2 cuil. à soupe de vinaigre de cidre

sel marin et poivre

1 Rincez abondamment les graines de quinoa à l'eau froide. Versez-les dans une casserole et ajoutez 45 cl d'eau avec ½ cuillerée à café de sel. Portez à ébullition, puis laissez cuire à feu moyen 10 minutes environ. Retirez du feu et laissez gonfler à couvert les graines de quinoa 5 minutes. Réservez jusqu'à refroidissement complet.

2 Pelez et coupez le concombre en petits morceaux. Lavez le céleri, émincez les branches et hachez au couteau les feuilles, séparément. Retirez les premières côtes du fenouil, lavez le bulbe et émincez-le finement. Lavez, égrenez et coupez les poivrons en lanières.

3 Préparez la vinaigrette en mélangeant tous les ingrédients.

4 Dans un saladier, mélangez le quinoa avec les légumes et les pois chiches. Arrosez de vinaigrette et remuez délicatement.

5 Servez saupoudré du mélange de graines et des feuilles de céleri ciselées.

À SAVOIR

Le quinoa, originaire des Andes, est une plante de la famille des chénopodiacées à laquelle appartiennent la betterave, la blette et l'épinard. Sans gluten, on l'apprécie autant pour sa richesse en protéines et en acides aminés essentiels, pour sa teneur en fibres que pour sa facilité à être cuisiné : en salade, froid ou chaud, en accompagnement d'un plat de légumes, en croquettes ou steak végétal.

POUR 4 PERSONNES **PRÉPARATION : 25 MIN** **CUISSON : 10 MIN** **REPOS : 1 H**

Taboulé au pamplemousse
et aux olives de Nyons

VEGAN
SANS LACTOSE

INGRÉDIENTS

250 g de semoule de couscous de blé (blanc, demi-complet ou complet)

2 pamplemousses

2 fenouils

1 pomme

1 oignon

une vingtaine d'olives noires de Nyons dénoyautées

3 à 4 cuil. à soupe d'huile d'olive

1 cuil. à soupe de thym

1 Pelez les pamplemousses à vif. Levez les segments et coupez-les en morceaux. Pressez fortement le restant de pamplemousse pour en extraire le jus et réservez-le.

2 Dénoyautez les olives et coupez-les en petits morceaux. Retirez les premières côtes des fenouils, rincez les bulbes et taillez-les en petits dés. Pelez et coupez la pomme en tout petits cubes. Épluchez et ciselez finement l'oignon.

3 Dans un grand saladier, versez la semoule. Ajoutez les morceaux et le jus de pamplemousse, les dés de fenouil et de pomme, les olives, l'oignon, le thym et l'huile d'olive. Mélangez bien et laissez au réfrigérateur quelques heures avant de servir.

POUR 4 PERSONNES PRÉPARATION : 20 MIN RÉFRIGÉRATION : 4 H

Salade fenouil, roquette,
pomme et coriandre

SANS GLUTEN
SANS LACTOSE

1 Retirez les feuilles extérieures et les cœurs durs des fenouils. Épluchez la pomme et retirez le cœur. À l'aide d'une mandoline ou d'un couteau très bien aiguisé, coupez en fines tranches la pomme et les fenouils.

2 Lavez et essorez les feuilles de roquette et de coriandre. Dans un bol, mélangez l'huile d'olive, le jus de citron, le miel et le sel.

3 Répartissez les tranches de fenouil, de pomme, la roquette et la coriandre entre 4 assiettes et versez dessus la sauce d'assaisonnement. Servez frais.

INGRÉDIENTS

2 fenouils moyens
100 g de roquette
1 pomme
½ bouquet de coriandre
5 cl d'huile d'olive
le jus de ½ citron
1 cuil. à soupe de miel liquide
½ cuil. à café de sel

POUR 4 PERSONNES PRÉPARATION : 20 MIN

VEGAN
SANS GLUTEN
SANS LACTOSE

Salade de nouilles de riz
aux légumes

INGRÉDIENTS

150 g de nouilles de riz
500 g de chou rouge
1 grosse carotte
1 concombre libanais
1 poivron jaune ou orange
½ bouquet de coriandre
½ bouquet de menthe
6 cl de jus de citron vert
6 cl de sauce au piment
1 cuil. à soupe de sauce soja
1 cuil. à soupe de sucre en poudre

1 Mettez les nouilles de riz dans un saladier et recouvrez-les d'eau bouillante. Laissez reposer jusqu'à ce que les nouilles soient tendres. Égouttez-les.

2 Pendant ce temps, épluchez la carotte et le concombre. Râpez la carotte et le chou rouge. Émincez finement le concombre et le poivron. Lavez les feuilles de coriandre et de menthe.

3 Dans un bol, mélangez le jus de citron, la sauce au piment, la sauce soja et le sucre. Remuez jusqu'à ce que le sucre soit dissous.

4 Dans un grand saladier, mélangez délicatement les nouilles avec la sauce, les légumes et les herbes. Servez bien frais.

POUR 4 PERSONNES PRÉPARATION : 30 MIN

Salade de lentilles, fenouil, betterave à l'orange

VEGAN
SANS GLUTEN
SANS LACTOSE

1 Préchauffez le four à 180 °C (th. 6).

2 Faites cuire les lentilles dans une grande casserole d'eau salée avec la feuille de laurier pendant 20 minutes à partir de l'ébullition.

3 Pendant ce temps, coupez les fenouils en quartiers puis encore en deux en retirant les feuilles extérieures les plus épaisses. Placez-les dans un plat à gratin et versez un filet d'huile d'olive. Enfournez pour 30 minutes environ. Les fenouils doivent être tendres et dorés.

4 Épluchez et coupez les betteraves en petits quartiers. Pelez à vif les oranges et détaillez-les en rondelles pas trop épaisses. Réservez.

5 Préparez l'assaisonnement en émulsionnant dans un bol 3 cuillerées à soupe d'huile d'olive, 1 cuillerée à soupe de jus de citron, la gousse d'ail dégermée et écrasée, la coriandre moulue, le cumin, le curcuma, le poivre et le sel.

6 Dans un saladier, mélangez les lentilles égouttées et refroidies, les fenouils, les morceaux de betterave, les rondelles d'orange, l'assaisonnement et la coriandre fraîche. Répartissez dans 4 assiettes et servez à température ambiante.

INGRÉDIENTS

200 g de lentilles

2 fenouils

3 petites betteraves cuites

2 oranges

1 citron

1 gousse d'ail

8 cl d'huile d'olive

1 feuille de laurier

1 cuil. à soupe de coriandre fraîche hachée

½ cuil. à café de coriandre moulue

½ cuil. à café de cumin en poudre

½ cuil. à café de curcuma en poudre

1 cuil. à café de sel + un peu pour la cuisson

½ cuil. à café de poivre moulu

POUR 4 PERSONNES **PRÉPARATION : 20 MIN** **CUISSON : 50 MIN**

VEGAN
SANS GLUTEN
SANS LACTOSE

Salade de quinoa, courgette, menthe et pistache

INGRÉDIENTS

250 g de quinoa
3 petites courgettes
6 tiges de menthe fraîche
25 g de pistaches salées
1 gousse d'ail
2 oignons frais
1 citron jaune
7 cuil. à soupe d'huile d'olive
½ cuil. à café de sel + un peu pour la cuisson

1 Portez à ébullition une grande casserole d'eau salée et faites cuire le quinoa 15 minutes environ. Le quinoa est cuit lorsqu'il est fondant sous la dent. Égouttez-le et réservez.

2 Pendant ce temps, lavez et coupez les courgettes en fines tranches. Chauffez 1 cuillerée à soupe d'huile d'olive dans une poêle et faites rissoler les tranches de courgette en remuant de temps en temps. Retirez du feu et réservez.

3 Épluchez et émincez finement les oignons et l'ail. Hachez grossièrement les pistaches, ciselez les feuilles de menthe. Pressez le citron.

4 Dans un bol, mélangez l'huile d'olive restante, le jus de citron, l'ail et les oignons émincés ainsi que le sel.

5 Dans un saladier, mélangez le quinoa, les tranches de courgette rissolées, les pistaches hachées et la menthe ciselée. Assaisonnez avec le mélange à l'huile d'olive. Servez à température ambiante.

POUR 4 PERSONNES PRÉPARATION : 30 MIN CUISSON : 20 MIN

Salade de quinoa
aux courges confites

VEGAN
SANS GLUTEN
SANS LACTOSE

INGRÉDIENTS

250 g de quinoa
1 à 1,5 kg de courge (butternut, potimarron, courge musquée...)
2 gousses d'ail (facultatif)
2 échalotes
4 cuil. à soupe d'huile de pépins de courge
2 cuil. à soupe d'huile d'olive
2 cuil. à soupe de vinaigre balsamique
1 cuil. à soupe de miel
1 cuil. à café d'herbes de Provence
1 cuil. à café de moutarde de Dijon
20 g de graines de courge (facultatif)
herbes (persil, coriandre...) pour servir (facultatif)
sel et poivre

1 Préchauffez le four à 180 °C (th. 6). Coupez la courge en deux et ôtez les graines à l'aide d'une cuillère. Puis coupez-les en morceaux de 2 cm de côté environ. Pelez, dégermez et hachez l'ail. Pelez et ciselez finement les échalotes.

2 Déposez les morceaux de courge dans la lèchefrite du four. Ajoutez l'ail haché, arrosez d'huile d'olive, saupoudrez d'herbes de Provence, salez et poivrez à votre convenance. Mélangez bien. Enfournez pour 50 minutes en remuant de temps en temps : les cubes de courge doivent être confits. Prolongez la cuisson si nécessaire.

3 Pendant ce temps, préparez le quinoa. Rincez abondamment les graines de quinoa à l'eau froide. Versez dans une casserole et ajoutez 45 cl d'eau avec ½ cuillerée à café de sel. Portez à ébullition, puis laissez cuire à feu moyen 10 minutes environ. Retirez du feu et laissez gonfler à couvert les graines de quinoa 5 minutes.

4 Dans un bol, préparez la vinaigrette en mélangeant la moutarde, le miel et le vinaigre avec l'huile de pépins de courge. Salez et poivrez à votre convenance.

5 Dans un saladier, mélangez délicatement les dés de courge confits, le quinoa et les échalotes émincées avec la vinaigrette. Parsemez de quelques graines de courge et d'herbes ciselées si vous le souhaitez.

À SAVOIR

Les graines de quinoa sont entourées de saponines, des molécules produites par certaines plantes et considérées comme des substances antinutritionnelles, c'est-à-dire qui nuisent à l'absorption et à l'utilisation de nutriments par l'organisme. Sans danger pour l'homme, la saponine a un goût amer. Pour l'enlever, il suffit de rincer le quinoa. Versez les graines de quinoa dans une passoire à petits trous et frottez-les sous l'eau entre vos doigts.

POUR 4 PERSONNES **PRÉPARATION : 25 MIN** **CUISSON : 1 H**

Nouilles de courgettes
et de carottes à l'avocat

VEGAN
SANS GLUTEN
SANS LACTOSE

1 Rincez les courgettes ainsi que les carottes, puis râpez-les. Placez-les dans un saladier et ajoutez-y les graines et les amandes.

2 Pelez l'ail et hachez-le grossièrement. Déposez-le dans le bol du robot avec la chair des avocats, le jus de citron, le lait, le sirop d'agave, la moutarde et le miso. Mixez jusqu'à l'obtention d'une crème lisse et homogène.

3 Répartissez la sauce sur les légumes et incorporez-la doucement. Servez aussitôt.

INGRÉDIENTS

2 courgettes

2 carottes

2 avocats bien mûrs

20 g d'amandes effilées

1 gousse d'ail

2 cuil. à soupe de jus de citron

1 cuil. à soupe de graines de tournesol

1 cuil. à soupe de graines de courge

1 cuil. à soupe de lait végétal au choix

1 cuil. à soupe de sirop d'agave

1 cuil. à café de moutarde forte

1 cuil. à café de miso

ASTUCE

Décorez la salade d'olives noires, de câpres, de menthe et de persil haché.

POUR 4 PERSONNES **PRÉPARATION : 10 MIN**

Salade de pomme de terre, chou rouge, fenouil et pomme

VEGAN
SANS GLUTEN
SANS LACTOSE

INGRÉDIENTS

1 grosse pomme de terre
1 grosse poignée de chou rouge râpé (60 g)
1 petit fenouil
1 pomme verte
1 poignée de noix de Grenoble (30 g)
1 petit oignon rouge
1 petit bouquet de persil
2 poignées de mélange de jeunes pousses
2 cuil. à soupe de lait végétal au choix
2 cuil. à soupe de jus de citron
2 cuil. à soupe d'huile d'olive
2 cuil. à café de moutarde forte
2 cuil. à café de moutarde à l'ancienne
2 cuil. à café de purée de sésame

1 Rincez la pomme de terre et faites-la cuire à l'eau bouillante 20 minutes. Passez-la sous l'eau froide, puis pelez-la et détaillez-la en cubes.

2 Pelez l'oignon rouge et émincez-le finement. Rincez le fenouil ainsi que la pomme et découpez-les en cubes. Concassez les noix, rincez et ciselez le persil.

3 Versez le tout dans un saladier, ajoutez les jeunes pousses ainsi que le chou rouge puis mélangez.

4 Mélangez dans un bol les moutardes, la purée de sésame, le lait, le jus de citron et l'huile. Versez dans le saladier et servez.

ASTUCE

Servez avec des quartiers de citron jaune bio.

POUR 4 PERSONNES **PRÉPARATION : 15 MIN** **CUISSON : 20 MIN**

Salade de quinoa
et lentilles corail

VEGAN
SANS GLUTEN
SANS LACTOSE

1 Rincez le quinoa et les lentilles corail. Faites bouillir 50 cl d'eau à feu moyen, puis versez le quinoa. Faites cuire à feu doux et à couvert 5 minutes. Ajoutez les lentilles corail et poursuivez la cuisson 5 minutes à découvert. Pelez l'ail et déposez les gousses dans la casserole. Faites cuire 5 minutes supplémentaires. Égouttez, puis passez sous l'eau froide. Hachez l'ail finement et versez le tout dans un saladier.

2 Versez les graines et les pignons dans une grande poêle. Pliez la feuille de nori en quatre, dans la longueur, puis découpez-la finement aux ciseaux. Ajoutez-la aux graines. Faites griller 4 minutes à feu moyen. Laissez refroidir et versez dans le saladier.

3 Rincez les tomates cerises et coupez-les en deux. Passez les pousses d'épinards sous l'eau froide et égouttez-les.

4 Versez les ingrédients dans le saladier, ainsi que les olives, l'huile, la cannelle, le sel et le poivre. Mélangez le tout et dégustez aussitôt ou placez au réfrigérateur 1 heure pour un plat plus frais.

INGRÉDIENTS

60 g de quinoa
60 g de lentilles corail
12 tomates cerises
2 poignées de pousses d'épinards
10 olives noires
2 gousses d'ail
1 feuille de nori
1 cuil. à soupe d'huile de noisette
1 cuil. à soupe de graines de courge
1 cuil. à soupe de graines de tournesol
1 cuil. à soupe de graines de sésame
1 cuil. à soupe de pignons de pin
1 pincée de cannelle moulue
1 pincée de sel
1 pincée de poivre noir

VARIANTE

Optez pour des champignons, de la roquette, du concombre, du tofu...

POUR 2 PERSONNES **PRÉPARATION : 10 MIN** **CUISSON : 20 MIN**

Torsades de lentilles
en salade

VEGAN
SANS GLUTEN
SANS LACTOSE

INGRÉDIENTS

100 g de torsades de lentilles
1 avocat
1 tomate
½ poivron rouge
1 concombre noa ou ½ concombre hollandais
80 g de tofu ferme au choix
10 olives vertes dénoyautées
6 feuilles de menthe
2 cuil. à soupe d'huile de sésame grillé
1 cuil. à soupe de graines de courge
1 cuil. à soupe de graines de tournesol
1 cuil. à soupe de vinaigre balsamique blanc
1 cuil. à soupe de sauce soja ou tamari
1 cuil. à café de moutarde forte
1 cuil. à café de moutarde à l'ancienne

1 Faites cuire les torsades pendant 5 minutes dans de l'eau bouillante, égouttez-les, rincez-les sous l'eau froide et égouttez-les de nouveau. Versez-les dans un saladier.

2 Prélevez la chair de l'avocat. Rincez la tomate, le poivron et le concombre. Videz ce dernier de ses pépins à l'aide d'une petite cuillère. Détaillez les légumes-fruits en cubes et incorporez-les aux torsades.

3 Coupez le tofu en petits dés et versez-le dans le saladier, tout comme les olives, les graines et les feuilles de menthe préalablement ciselées.

4 Mélangez dans un bol l'huile, le vinaigre, la sauce soja et les moutardes. Versez la sauce dans le saladier et mélangez le tout avant de servir.

VARIANTE

Pas de torsades ? Remplacez-les par d'autres spirales au choix.

POUR 4 PERSONNES **PRÉPARATION : 10 MIN** **CUISSON : 5 MIN**

Boulgour aux tomates
et croquettes de lentilles

VEGAN
SANS GLUTEN
SANS LACTOSE

INGRÉDIENTS

300 g de boulgour
4 grosses tomates
280 g (poids égoutté) de maïs en boîte
150 g d'olives noires et/ou vertes
2 cuil. à soupe d'huile d'olive
1 cuil. à soupe de vinaigre de cidre
1 cuil. à soupe de jus de citron
1 pincée de sel

Pour les croquettes de lentilles :

100 g de lentilles vertes
2 grosses tomates
2 gousses d'ail
4 cuil. à soupe de fécule de maïs
4 cuil. à soupe de chapelure
2 cuil. à soupe de moutarde en grains
2 cuil. à soupe d'harissa douce
2 cuil. à soupe de poudre d'amandes
1 cuil. à soupe de noix de coco râpée
huile d'olive
½ cuil. à café de sel
1 pincée de poivre noir

VARIANTE

Remplacez le boulgour par du riz complet.

1 Préparez le boulgour : faites-le cuire comme indiqué sur l'emballage. Rincez les tomates et détaillez-les en dés. Égouttez le maïs, rincez-le, puis égouttez-le à nouveau. Versez les ingrédients dans un saladier et incorporez les olives, l'huile d'olive, le vinaigre, le jus de citron et le sel.

2 Rincez les lentilles et faites-les cuire dans de l'eau bouillante pendant 40 minutes. Égouttez-les puis rincez-les sous l'eau froide et égouttez-les à nouveau. Plongez les tomates 30 secondes dans de l'eau bouillante. Rafraîchissez-les à l'eau froide, pelez-les et coupez-les en dés. Pelez et hachez l'ail.

3 Faites revenir 10 minutes les lentilles, les tomates et l'ail dans 2 cuillerées à soupe d'huile d'olive, dans une sauteuse, à feu moyen et à découvert, avec le sel, le poivre, la moutarde et l'harissa. Laissez refroidir, puis incorporez la fécule ainsi que la noix de coco râpée. Versez la chapelure et la poudre d'amandes dans un bol. Formez des boulettes à la main, puis roulez-les dans le mélange chapelure-poudre d'amandes.

4 Chauffez de l'huile d'olive dans une poêle à feu moyen et faites cuire les boulettes 4 minutes de chaque côté. Déposez-les sur une feuille de papier absorbant avant de les servir accompagnées de boulgour.

POUR 6 PERSONNES **PRÉPARATION : 20 MIN** **CUISSON : 1 H**

Taboulé de quinoa

VEGAN
SANS GLUTEN
SANS LACTOSE

1 Mettez le quinoa dans une casserole avec deux fois son volume d'eau bouillante. Laissez cuire à feu doux jusqu'à ce que les grains éclatent, libérant le germe. Laissez-le refroidir.

2 Lavez et épépinez la tomate, le concombre et le poivron et coupez-les en petits dés.

3 Lavez et essorez le persil plat et coupez finement les feuilles aux ciseaux.

4 Mettez dans un saladier les huiles, le jus de citron, le sel, le persil, les légumes coupés en dés et le quinoa. Mélangez bien le tout. Servez très frais.

INGRÉDIENTS

½ verre de quinoa
1 mini-poivron jaune
1 tomate (bien mûre)
1 petit concombre
¼ de botte de persil plat
1 cuil. à soupe d'huile d'olive
1 cuil. à soupe d'huile de colza
½ cuil. à soupe de jus de citron
sel de Guérande

ASTUCE

Préparez le taboulé un peu à l'avance pour que le quinoa s'imbibe bien de la sauce et du jus des légumes.

POUR 2 PERSONNES PRÉPARATION : 15 MIN CUISSON : 20 MIN

Taboulé de chou-fleur

VEGAN
SANS GLUTEN
SANS LACTOSE

INGRÉDIENTS

1 chou-fleur
2 tomates
1 avocat
1 pamplemousse rose
1 orange
12 olives vertes dénoyautées
2 cuil. à soupe de cranberries
2 cuil. à soupe de graines de tournesol
1 petit bouquet de persil
1 cuil. à soupe d'huile d'olive
1 cuil. à café de moutarde forte

1 Détaillez le chou-fleur et hachez-le finement au robot à l'aide d'une lame en S, jusqu'à l'obtention d'une « semoule ». Versez-la dans un saladier.

2 Rincez les tomates et détaillez-les en dés. Récupérez la chair de l'avocat et du pamplemousse et coupez-la en dés également. Versez dans le saladier. Incorporez les cranberries, les olives ainsi que les graines et le persil, préalablement haché finement.

3 Mixez au robot la chair de l'orange avec l'huile d'olive et la moutarde. Incorporez la sauce au taboulé avant de servir.

VARIANTE

Pour un taboulé vert, remplacez le chou-fleur par du brocoli.

POUR 4 PERSONNES **PRÉPARATION : 10 MIN**

SOUPES

Bouillon de légumes

VEGAN
SANS GLUTEN
SANS LACTOSE

INGRÉDIENTS

1 oignon jaune
2 carottes
2 navets
2 poireaux
1 branche de céleri
3 feuilles de laurier
1 cuil. à café de thym
1 poignée de persil
1 cuil. à soupe d'huile d'olive
4 grains de poivre noir
1 cuil. à café de sel

1 Épluchez l'oignon, les carottes, les navets, les poireaux, le céleri et coupez-les en gros morceaux.

2 Dans un grand faitout, faites chauffer l'huile d'olive. Ajoutez les grains de poivre, le thym, les feuilles de laurier, le persil. Laissez cuire 1 minute environ, jusqu'à ce que les arômes se dégagent. Ajoutez tous les légumes et le sel.

3 Faites revenir une dizaine de minutes en remuant de temps en temps. Versez 1,5 l d'eau dans le faitout. Portez à ébullition. Baissez le feu et laissez frémir pendant 20 minutes en couvrant partiellement. Retirez le faitout du feu.

4 Laissez reposer au réfrigérateur à couvert, pendant plusieurs heures afin que les arômes se développent, puis filtrez le bouillon.

ASTUCE

Il peut se conserver 2 ou 3 jours au réfrigérateur ou être congelé.

POUR 4 PERSONNES **PRÉPARATION : 15 MIN** **CUISSON : 30 MIN** **RÉFRIGÉRATION : 6 H**

Bouillon au gingembre
et à la sauge

VEGAN
SANS GLUTEN
SANS LACTOSE

1 Pelez et lavez les carottes, éliminez la peau et les graines du potiron, lavez le céleri. Découpez les légumes en petits morceaux. Pelez le gingembre. Rincez les feuilles de sauge.

2 Portez à ébullition 1 l d'eau salée. Ajoutez le thym, le laurier, le gingembre, la sauge et les légumes découpés. Couvrez et laissez mijoter à feu doux pendant 30 minutes.

3 Filtrez le bouillon et dégustez bien chaud.

INGRÉDIENTS

2 cm de gingembre frais
3 feuilles de sauge
2 carottes
2 branches de céleri
1 petit morceau de potiron
1 brin de thym
1 feuille de laurier
sel

POUR 4 PERSONNES PRÉPARATION : 15 MIN CUISSON : 25 MIN

Bouillon d'épinards
et quinoa à l'estragon

SANS GLUTEN

INGRÉDIENTS

150 g d'épinards frais
100 g de quinoa
1 brin d'estragon
1 carotte
1 petit navet
1 oignon
2 cuil. à soupe de parmesan râpé
2 cuil. à soupe d'huile d'olive
sel et poivre

1 Rincez le quinoa, puis faites-le cuire 15 minutes à l'eau bouillante salée. Égouttez.

2 Rincez et hachez les épinards. Pelez la carotte, le navet et l'oignon. Rincez-les puis coupez-les en fine brunoise (très petits dés). Rincez l'estragon.

3 Portez à ébullition 1 l d'eau salée et poivrée. Ajoutez les légumes découpés et l'estragon. Couvrez et faites cuire 20 minutes. Ajoutez l'huile d'olive, le quinoa et le parmesan. Rectifiez l'assaisonnement et servez aussitôt.

VARIANTE

Les épinards peuvent être remplacés par des feuilles de blettes ou par quelques feuilles de chou vert, également riches en fibres.

POUR 4 PERSONNES PRÉPARATION : 25 MIN CUISSON : 35 MIN

Soupe de petit épeautre
aux légumes primeurs

VEGAN
SANS LACTOSE

1 Lavez les oignons et l'ail, émincez-les finement en conservant 10 cm de tige. Écossez les petits pois. Lavez les carottes et coupez-les en fines rondelles. Lavez les asperges, retirez la partie dure de la base et coupez-les en rondelles de 1 ou 2 cm en conservant les pointes. Rincez le petit épeautre.

2 Faites suer 2 minutes à l'huile d'olive les oignons et l'ail émincés. Versez 1,5 l d'eau et le gros sel dans une cocotte et portez à ébullition. Ajoutez le petit épeautre, le laurier, le thym et le romarin, couvrez et laissez mijoter 45 minutes à feu doux. Dix minutes avant la fin de la cuisson, ajoutez les légumes primeurs. Salez à votre goût et poivrez.

3 Servez la soupe très chaude avec un filet d'huile d'olive.

INGRÉDIENTS

200 g de petit épeautre de Haute-Provence en grains

1 botte d'asperges vertes

750 g de petits pois frais

3 carottes primeurs

1 botte d'oignons nouveaux

1 tête d'ail nouveau ou 2 gousses d'ail sec

2 branches de thym frais

½ branche de romarin frais

1 feuille de laurier

2 cuil. à soupe d'huile d'olive + un peu pour le service

2 cuil. à café de gros sel

sel et poivre

VARIANTE

En hiver, remplacez les asperges par 2 poireaux et 1 branche de céleri, les petits pois par de petits cubes de navet, de courge, de rutabaga ou de panais, et la botte d'oignons nouveaux par 2 oignons.

POUR 6 PERSONNES PRÉPARATION : 25 MIN CUISSON : 45 MIN

Soupe à la tomate

VEGAN
SANS GLUTEN
SANS LACTOSE

INGRÉDIENTS

4 tomates (560 g)
3 brins de basilic
150 g d'oignons blancs
3 cuil. à soupe d'huile d'olive
2 cuil. à soupe de double concentré de tomates
1 cuil. à café de gros sel gris

1 Faites revenir les oignons dans le faitout avec l'huile d'olive. Lavez et coupez les tomates en quatre, puis en deux. Ôtez la partie dure centrale.

2 Lavez les brins de basilic et conservez uniquement les feuilles. Ajoutez-les avec tous les autres ingrédients et 25 cl d'eau dans le faitout avec les oignons et faites cuire le tout pendant 10 minutes.

3 Mixez la préparation avant de servir.

POUR 2 PERSONNES **PRÉPARATION : 10 MIN** **CUISSON : 15 MIN**

Soupe au pistou

VEGAN
SANS LACTOSE

INGRÉDIENTS

600 g de potimarron
250 g de carottes
110 g de haricots blancs lingots
110 g de haricots azuki
100 g de tofu fumé
50 g de coquillettes semi-complètes
1 grosse tomate
5 brins de basilic
2 gousses d'ail
2 cuil. à soupe d'huile d'olive
sel de Guérande

1 Faites cuire à feu moyen les haricots blancs et les haricots azuki dans un faitout avec un grand volume d'eau pendant 45 minutes. Quand ils sont cuits, videz toute l'eau et laissez les haricots dans le faitout.

2 Épluchez et coupez en dés les carottes et le potimarron, ajoutez-les aux haricots avec 1,25 l d'eau et salez généreusement. Faites cuire le tout pendant 25 minutes.

3 Épluchez la tomate, épépinez-la et mixez-la avec les feuilles de basilic, l'ail et l'huile d'olive. Coupez le tofu en dés.

4 Versez dans le faitout la tomate mixée, le tofu et les coquillettes et faites cuire pendant 5 minutes. Servez bien chaud.

POUR 6 PERSONNES **PRÉPARATION : 20 MIN** **CUISSON : 1 H 15**

Soupe de chou chinois

VEGAN
SANS GLUTEN
SANS LACTOSE

1 Émincez l'oignon et faites-le revenir avec un peu d'huile d'olive dans un faitout.

2 Épluchez les carottes et le navet et coupez-les en cubes. Coupez finement le bulbe de céleri en ôtant la partie centrale. Lavez le chou chinois et coupez-le en morceaux.

3 Ajoutez tous les légumes dans le faitout avec 1 l d'eau et le cube de bouillon de légumes. Salez. Ajoutez les pois chiches pour les 5 dernières minutes de cuisson.

4 Servez bien chaud accompagné de pain frais.

INGRÉDIENTS

½ chou chinois

2 carottes

1 bulbe de céleri (taille moyenne)

1 petit navet

1 petit oignon

100 g de pois chiches déjà cuits (ou en boîte)

1 cube de bouillon de légumes

huile d'olive

gros sel gris

VARIANTE

Vous pouvez remplacer les pois chiches par des petites pâtes.

POUR 2 PERSONNES **PRÉPARATION : 20 MIN** **CUISSON : 20 MIN**

Soupe au cresson

VEGAN
SANS GLUTEN
SANS LACTOSE

INGRÉDIENTS

1 bouquet de cresson
280 g de pommes de terre
130 g de navet
1 cube de bouillon de légumes
huile d'olive
gros sel gris

1 Lavez soigneusement le cresson après en avoir ôté les tiges. Épluchez le navet et les pommes de terre, puis coupez-les en morceaux. Mettez les légumes dans un faitout avec 7,5 cl d'eau et le bouillon de légumes. Salez.

2 Portez à ébullition et maintenez à petits bouillons pendant une vingtaine de minutes, jusqu'à ce que le navet soit tendre.

3 Passez la soupe à la moulinette et servez-la arrosée d'un filet d'huile d'olive.

POUR 2 PERSONNES **PRÉPARATION : 20 MIN** **CUISSON : 20 MIN**

Soupe de légumes
aux lentilles corail

VEGAN
SANS GLUTEN
SANS LACTOSE

1 Faites revenir l'oignon coupé finement avec de l'huile d'olive dans un faitout.

2 Épluchez et coupez en cubes la carotte et le panais. Ajoutez-les dans le faitout avec 50 cl d'eau, du sel et le bouillon de légumes.

3 Lavez les lentilles corail et ajoutez-les dans le faitout pour les 10 dernières minutes de cuisson.

4 Servez parsemé de curcuma ou une autre épice de votre choix.

INGRÉDIENTS

1 belle carotte
1 gros panais
½ oignon
3 cuil. à soupe de lentilles corail
1 cube de bouillon de légumes
curcuma (facultatif)
huile d'olive
gros sel gris

À SAVOIR

Riche en fibres et en antioxydant, le panais, proche cousin de la carotte, se consomme cru ou cuit.

POUR 2 PERSONNES PRÉPARATION : 10 MIN CUISSON : 20 MIN

Soupe aux légumes
d'été

VEGAN
SANS GLUTEN
SANS LACTOSE

INGRÉDIENTS

310 g de petits pois (130 g une fois écossés)

200 g de haricots verts fins (120 g une fois épluchés)

200 g d'épinards

2 carottes

1 pomme de terre

1 tomate

1 oignon

1 cube de bouillon de légumes

huile d'olive

sel de Guérande

1 Écossez les petits pois et les haricots verts et coupez-les en trois. Émincez l'oignon et faites-le revenir avec un peu d'huile dans un faitout. Pelez les carottes et la pomme de terre et coupez-les en petits morceaux. Ajoutez dans le faitout les petits pois, les haricots, les carottes et la pomme de terre avec le bouillon de légumes et 1 l d'eau.

2 Lavez les épinards après avoir ôté la tige du milieu. Découpez-les en grosses lamelles avec des ciseaux de cuisine.

3 Épluchez la tomate, évidez-la et coupez-la en cubes. Ajoutez les épinards et la tomate pour les 5 dernières minutes de cuisson. Vérifiez l'assaisonnement et servez bien chaud.

ASTUCE

Plus rapide : utilisez des petits pois et des haricots fins congelés bio.

POUR 4 PERSONNES **PRÉPARATION : 30 MIN** **CUISSON : 30 MIN**

Soupe thaïe

VEGAN
SANS GLUTEN
SANS LACTOSE

INGRÉDIENTS

2 petites courgettes

2 cm de gingembre frais

4 gousses d'ail

5 bâtons de citronnelle

½ bouquet de coriandre

1 piment rouge

4 citrons verts

250 g de tofu ferme

2 boîtes de lait de coco de 40 cl chacune

50 cl de bouillon de légumes (voir recette p. 106)

3 cuil. à soupe de sauce soja

1 cuil. à soupe d'huile

1 Lavez et hachez grossièrement les feuilles de coriandre. Réservez. Hachez finement les bâtons de citronnelle après avoir retiré l'enveloppe extérieure. Épluchez et râpez le gingembre. Épluchez et écrasez les gousses d'ail. Chauffez l'huile dans une grande casserole à fond épais et faites revenir la citronnelle, le gingembre et les gousses d'ail pendant 3 minutes.

2 Lavez et coupez les courgettes en deux, dans le sens de la longueur, puis en gros tronçons. Coupez le tofu en cubes de taille moyenne.

3 Versez dans la casserole le lait de coco, le bouillon de légumes et la sauce soja. Ajoutez les courgettes et le tofu. Faites cuire sur feu moyen pendant une vingtaine de minutes. Pendant ce temps, coupez le piment en fines tranches et les citrons verts en quartiers.

4 Versez dans des bols. Parsemez de coriandre et de piment. Servez bien chaud avec des quartiers de citron vert et du riz basmati nature.

POUR 4 PERSONNES **PRÉPARATION : 30 MIN** **CUISSON : 25 MIN**

Soupe pho

VEGAN
SANS GLUTEN
SANS LACTOSE

1 Préchauffez le four en position gril. Nettoyez les shiitakés en retirant les pieds. Pelez les carottes et coupez-les en rondelles. Rincez et émincez le poireau. Épluchez les oignons et coupez-les en deux. Épluchez et coupez en rondelles le gingembre. Faites rôtir 5 minutes les oignons sous le gril.

2 Dans une cocotte, faites torréfier les épices (cannelle, cardamome, anis étoilé, clous de girofle, coriandre et poivre) sans cesser de remuer. Versez 2 l d'eau et ajoutez la sauce soja et le sucre, les oignons rôtis, les légumes, le gingembre, les pieds des shiitakés, le laurier, le thym et le persil. Portez à ébullition et poursuivez la cuisson à frémissements pendant 30 minutes.

3 Pendant ce temps, faites cuire les nouilles de riz comme indiqué sur le paquet. Coupez le tofu en cubes. Rincez et coupez en bâtonnets le fenouil après avoir éliminé les côtes extérieures. Rincez et effeuillez les herbes fraîches. Coupez la ciboule en petites rondelles et le citron vert en quartiers.

4 Lorsque le bouillon est cuit, filtrez-le avec une passoire, puis remettez-le sur le feu pendant 10 minutes, avec les chapeaux des shiitakés et la ciboule.

5 Garnissez 4 grands bols avec les nouilles, les cubes de tofu, le fenouil émincé et quelques germes de soja. Ajoutez le bouillon bien chaud et servez. Chacun pourra ensuite ajouter à son pho des herbes et des pousses de soja, du jus de citron et des graines de sésame.

INGRÉDIENTS

200 g de nouilles de riz

200 g de pousses de soja

250 g de tofu ferme nature

1 fenouil

1 grosse poignée d'herbes fraîches (basilic, menthe et coriandre)

4 branches de ciboule

1 citron vert

1 cuil. à soupe de graines de sésame (facultatif)

Pour le bouillon :

250 g de petits shiitakés

2 carottes

1 poireau

2 oignons

5 cm de gingembre frais

3 bâtons de cannelle

4 gousses de cardamome

4 anis étoilés

5 clous de girofle

1 cuil. à soupe de graines de coriandre

10 grains de poivre

2 cuil. à soupe de sauce soja

1 cuil. à soupe de sucre de canne blond

2 feuilles de laurier

2 branches de thym

3 branches de persil

POUR 4 PERSONNES **PRÉPARATION : 30 MIN** **CUISSON : 50 MIN**

Minestrone de riz rond
aux lentilles et pois cassés

SANS GLUTEN

INGRÉDIENTS

160 g de riz rond demi-complet
55 g de pois cassés
65 g de lentilles corail
40 g de lentilles vertes
60 g de parmesan
1 carotte
1 navet
1 poireau
1 branche de céleri
1 oignon
3 gousses d'ail
2 feuilles de laurier
3 cuil. à soupe d'huile d'olive
2 ou 3 cuil. à café de gros sel
poivre

1 Pelez la carotte et le navet, et coupez-les en petits dés. Retirez la base et la partie la plus verte du poireau, coupez-le en quatre dans la longueur et lavez-le sous un jet d'eau froide. Lavez le céleri. Émincez finement le poireau et le céleri. Pelez et ciselez l'oignon. Pelez, dégermez et écrasez les gousses d'ail avec le plat d'un couteau.

2 Dans une cocotte, faites suer 5 minutes dans 2 cuillerées à soupe d'huile d'olive tous les légumes sauf l'ail. Ajoutez le riz, les pois cassés, les lentilles et les feuilles de laurier. Versez 2 l d'eau sur les légumes, salez et portez à ébullition. Couvrez et laissez mijoter 25 minutes. À la fin de la cuisson, rectifiez l'assaisonnement si nécessaire et poivrez. Ajoutez les gousses d'ail écrasées.

3 Répartissez ce minestrone dans des assiettes. Arrosez-le d'un filet d'huile d'olive et parsemez de parmesan coupé en fins copeaux.

VARIANTE

Vous pouvez remplacer le riz rond par un riz thaï complet ou un riz rouge long de Camargue.

POUR 6 PERSONNES PRÉPARATION : 15 MIN CUISSON : 30 MIN

Soupe froide
avocat-concombre

VEGAN
SANS GLUTEN
SANS LACTOSE

1 Épluchez le concombre et l'avocat et retirez le noyau de celui-ci.

2 Dans le bol d'un robot mixeur, placez la chair de l'avocat, le concombre, le jus du citron vert, 10 cl d'eau, la coriandre moulue et le sel. Mixez jusqu'à l'obtention d'une soupe bien lisse.

3 Réservez au réfrigérateur.

4 Lavez et coupez les tomates cerises en deux. Versez la soupe bien froide dans 4 verrines, répartissez les tomates cerises et parsemez de piment d'Espelette. Servez immédiatement.

INGRÉDIENTS

1 avocat bien mûr

1 concombre moyen

1 citron vert

½ cuil. à café de coriandre moulue

1 cuil. à café de sel

100 g de tomates cerises

piment d'Espelette

POUR 4 PERSONNES **PRÉPARATION : 15 MIN**

Soupe glacée
petits pois, menthe et coco

VEGAN
SANS GLUTEN
SANS LACTOSE

INGRÉDIENTS

100 g de petits pois frais ou surgelés

4 petites feuilles de menthe

10 cl de lait de coco

1 pincée de sel

1 Faites cuire les petits pois dans de l'eau bouillante pendant 10 minutes. Égouttez-les et passez-les sous l'eau froide avant de les égoutter à nouveau.

2 Mixez les petits pois au robot avec le lait de coco, la menthe et le sel.

3 Répartissez la préparation dans 2 ramequins et placez au réfrigérateur 1 heure minimum avant de déguster.

VARIANTE

Pas de petits pois ? Utilisez de la courgette.

POUR 2 PERSONNES **PRÉPARATION : 3 MIN** **CUISSON : 10 MIN** **RÉFRIGÉRATION : 1 H**

VEGAN
SANS GLUTEN
SANS LACTOSE

Velouté de concombre à la menthe

INGRÉDIENTS

1 concombre

15 cl de crème d'amande

6 feuilles de menthe

1 cuil. à café de moutarde à l'ancienne

1 pincée de sel

1 Rincez le concombre, épluchez-le et videz-le de ses pépins à l'aide d'une petite cuillère. Détaillez-le en gros cubes et placez-le dans le bol d'un robot mixeur.

2 Ajoutez la crème, la menthe, la moutarde et le sel et mixez jusqu'à l'obtention d'une préparation lisse et homogène.

3 Répartissez le velouté dans 4 ou 6 verrines et placez au réfrigérateur 1 heure au moins avant de servir.

VARIANTE

Remplacez la crème d'amande par de la crème de soja.

POUR 4 À 6 PERSONNES **PRÉPARATION : 5 MIN** **RÉFRIGÉRATION : 1 H**

Gaspacho de melon

SANS GLUTEN

1 Coupez le melon en deux et retirez les pépins. À l'aide d'une cuillère parisienne, prélevez 4 billes de melon. Réservez.

2 À l'aide d'une grande cuillère, prélevez la chair du melon. Placez-la dans le bol d'un robot mixeur avec le pastis, le sel et le poivre. Mixez jusqu'à l'obtention d'une soupe bien lisse.

3 Versez dans 4 verrines. Piquez sur 4 cure-dents les tomates cerises, les billes de mozzarella et les billes de melon. Placez une brochette sur chaque verrine et servez en entrée.

INGRÉDIENTS

1 melon charentais

4 tomates cerises

4 billes de mozzarella

1 cuil. à café de pastis

1 cuil. à café de sel

¼ de cuil. à café de poivre moulu

POUR 4 PERSONNES **PRÉPARATION : 20 MIN**

Crème de céleri-rave, mouillettes de pesto

INGRÉDIENTS

700 g de céleri-rave

400 g de pommes de terre

2 gousses d'ail

20 cl de crème liquide

quelques graines mélangées (courge, tournesol, chanvre, sésame blond et noir)

2 cuil. à soupe d'huile d'olive + 1 filet pour le service

sel marin et poivre

Pour les mouillettes de pesto :

75 g de roquette

1 gousse d'ail

50 g de parmesan

50 g d'amandes

10 cl d'huile d'olive

4 tranches de pain

sel marin et poivre

1 Épluchez et coupez le céleri-rave et les pommes de terre en cubes. Épluchez et dégermez les gousses d'ail. Dans un faitout, faites dorer à l'huile les morceaux de céleri-rave et les gousses d'ail quelques minutes. Ajoutez les cubes de pomme de terre et 1,2 l d'eau. Portez à ébullition et faites cuire à frémissements pendant une vingtaine de minutes. Vérifiez la cuisson des légumes : les morceaux doivent être très tendres.

2 Pendant ce temps, préparez le pesto. Rincez et essorez la roquette. Épluchez et dégermez l'ail. Râpez le parmesan. Dans un robot, mixez les amandes et l'ail. Ajoutez la roquette et mixez à nouveau. Enfin, ajoutez le parmesan et l'huile, salez et poivrez à votre convenance et mixez encore.

3 Faites griller les tranches de pain au grille-pain et découpez-les en mouillettes. Tartinez-les de pesto.

4 Retirez la soupe du feu, ajoutez la crème, salez et poivrez et mixez très finement. Ajoutez un peu de liquide si la soupe est trop épaisse. Répartissez la crème de céleri-rave bien chaude dans des assiettes creuses. Parsemez de quelques graines, arrosez d'un filet d'huile d'olive et servez avec les mouillettes.

POUR 4 PERSONNES PRÉPARATION : 20 MIN CUISSON : 25 MIN

Crème de champignons

VEGAN
SANS LACTOSE

1 Lavez les champignons, coupez-les en lamelles et faites-les revenir à feu moyen, dans un peu d'huile d'olive, 5 minutes à couvert puis 5 minutes à découvert.

2 Versez la farine ainsi que 1 cuillerée à soupe d'huile d'olive dans une casserole et faites un roux (attendez que la préparation crépite), tout en mélangeant au fouet. Ajoutez alors le lait et, sans jamais cesser de fouetter, portez à ébullition : la préparation s'épaissit légèrement.

3 Coupez le feu, salez et poivrez, puis mixez les champignons, la béchamel ainsi que la crème au robot.

4 Répartissez dans 2 bols et dégustez aussitôt.

INGRÉDIENTS

250 g de champignons de Paris

25 cl de lait végétal au choix

2 cuil. à soupe de crème végétale au choix

1 cuil. à soupe de farine de blé T80

huile d'olive

1 pincée de sel

1 pincée de poivre noir

ASTUCE

Pour une version sans gluten, optez pour de la farine de riz complet.

POUR 2 PERSONNES PRÉPARATION : 10 MIN CUISSON : 15 MIN

Crème chou-fleur, fenouil

VEGAN
SANS LACTOSE

INGRÉDIENTS

500 g de chou-fleur
1 fenouil
1 pomme de terre
1 échalote
1 gousse d'ail
1 l de bouillon de légumes (voir recette p. 106)
1 cuil. à café de sel
½ cuil. à café de poivre moulu

Pour servir :
noisettes hachées
pain au levain

1 Épluchez et émincez l'échalote et la gousse d'ail. Retirez les feuilles et coupez les fleurettes de chou-fleur. Épluchez la pomme de terre et coupez-la en gros cubes. Coupez le fenouil en gros morceaux.

2 Dans une grande casserole, mettez l'échalote et l'ail émincés, les morceaux de fenouil, de chou-fleur, de pomme de terre, le bouillon de légumes, le sel et le poivre.

3 Faites cuire à petits bouillons pendant 30 minutes. Lorsque les légumes sont bien tendres, mixez la soupe afin d'obtenir une crème bien lisse.

4 Servez bien chaud avec des noisettes hachées et du pain au levain.

POUR 4 PERSONNES **PRÉPARATION : 20 MIN** **CUISSON : 30 MIN**

Velouté de panais,
carotte et poireau au coco et curry

VEGAN
SANS GLUTEN
SANS LACTOSE

INGRÉDIENTS

1 panais
1 carotte
1 blanc de poireau
20 cl de lait de coco
1 oignon jaune
1 cuil. à café de curry
1 cuil. à soupe d'huile d'olive
½ cuil. à café de sel

1 Pelez l'oignon jaune. Lavez la carotte, le panais et le poireau et ôtez leurs extrémités ainsi que le vert du poireau.

2 Coupez les légumes en dés et faites-les revenir dans une sauteuse avec l'huile, à feu moyen, pendant 4 minutes.

3 Ajoutez le curry et le sel, couvrez avec 40 cl d'eau et faites cuire 16 minutes. Versez le lait de coco dans la sauteuse et poursuivez la cuisson 5 minutes.

4 Mixez la préparation au robot mixeur ou plongeant avec 15 cl d'eau, jusqu'à l'obtention d'un velouté. Répartissez dans 2 bols et servez aussitôt.

À SAVOIR

Un bol de soupe apporte essentiellement de l'eau, des minéraux et des fibres. Rassasiant, il permet de cuisiner et de savourer les légumes qui s'abîment à la maison. Vous pouvez opter pour de la courge, de la patate douce, de la pomme de terre… et remplacer le lait de coco par la crème végétale de votre choix.

POUR 2 OU 3 PERSONNES **PRÉPARATION : 5 MIN** **CUISSON : 25 MIN**

Velouté de butternut
au gingembre et lait de coco

VEGAN
SANS GLUTEN
SANS LACTOSE

1 Pelez la courge butternut, ôtez les graines et découpez-la en gros cubes. Faites-la cuire à la vapeur ou à l'eau jusqu'à ce qu'elle soit tendre, une trentaine de minutes environ.

2 Pelez et hachez l'oignon, puis faites-le revenir avec l'huile d'olive dans une sauteuse à feu moyen, pendant 2 minutes.

3 Incorporez la courge, le gingembre, le sel, 10 cl d'eau et le lait de coco et poursuivez la cuisson à feu doux et à couvert pendant 10 minutes.

4 Mixez la préparation au robot et répartissez dans 2 bols avant de servir.

INGRÉDIENTS

300 g de courge butternut
2 cuil. à café de gingembre moulu
20 cl de lait de coco
1 petit oignon jaune
1 cuil. à soupe d'huile d'olive
1 pincée de sel

VARIANTE

Remplacez la butternut par du potimarron ou de la patate douce.

POUR 2 PERSONNES **PRÉPARATION : 10 MIN** **CUISSON : 40 MIN**

Soupe de fanes de radis

SANS GLUTEN

INGRÉDIENTS

les fanes de 1 botte de radis
2 pommes de terre
1 oignon
50 g de roquefort
1 l de bouillon de légumes (voir recette p. 106)
10 cl de crème épaisse
3 cuil. à soupe d'huile d'olive
poivre

1 Lavez les fanes de radis et égouttez-les. Épluchez l'oignon et les pommes de terre. Ciselez l'oignon et coupez les pommes de terre en morceaux.

2 Faites revenir l'oignon dans un faitout avec l'huile. Ajoutez les pommes de terre et les fanes. Couvrez de bouillon et faites cuire 15 minutes.

3 Écrasez à la fourchette la crème avec le roquefort. Poivrez.

4 Mixez la soupe et servez. Ajoutez 1 cuillerée de crème au roquefort dans chaque assiette et dégustez.

POUR 4 PERSONNES PRÉPARATION : 15 MIN CUISSON : 20 MIN

Soupe de carottes
et pesto de fanes

VEGAN
SANS GLUTEN
SANS LACTOSE

1 Nettoyez et émincez finement le poireau. Réservez. Coupez les fanes des carottes et réservez-les pour le pesto. Épluchez les carottes et coupez-les en gros tronçons.

2 Dans un faitout, chauffez un filet d'huile d'olive et faites revenir le poireau émincé et les morceaux de carotte. Ajoutez le thym, le persil et mouillez à hauteur. Assaisonnez avec du sel et le poivre.

3 Portez à légers bouillons, puis couvrez et laissez mijoter 30 minutes environ, jusqu'à ce que l'on puisse enfoncer la pointe d'un couteau sans forcer dans les carottes.

4 Pendant ce temps, dans le bol d'un robot mixeur, placez les fanes des carottes préalablement lavées et essorées, les gousses d'ail épluchées, les graines de courge et salez. Mixez jusqu'à l'obtention d'une masse granuleuse. Tout en continuant de mixer, versez en filet l'huile d'olive. Réservez.

5 Servez la soupe bien chaude avec un filet de pesto.

INGRÉDIENTS

1 poireau
6 grosses carottes avec fanes
1 cuil. à soupe de feuilles de thym
1 cuil. à soupe de feuilles de persil
2 gousses d'ail
50 g de graines de courge
15 cl d'huile d'olive
½ cuil. à café de poivre
sel

POUR 4 PERSONNES PRÉPARATION : 30 MIN CUISSON : 40 MIN

VEGAN
SANS GLUTEN
SANS LACTOSE

Soupe de lentilles corail
à la carotte, lait de coco et curry

INGRÉDIENTS

- 50 g de lentilles corail
- 1 petite carotte
- 10 cl de lait de coco
- 1 cuil. à café rase de curry
- 1 gousse d'ail
- 1 cuil. à soupe d'huile d'olive
- 1 pincée de sel
- 1 pincée de poivre noir

1 Pelez et hachez l'ail, rincez et découpez la carotte en petits dés. Faites-les revenir dans l'huile d'olive, à feu moyen et à couvert, pendant 5 minutes.

2 Ajoutez 30 cl d'eau, les lentilles, le curry, le sel et le poivre et poursuivez la cuisson pendant 15 minutes, à feu doux. Incorporez le lait de coco et faites cuire à découvert pendant 5 minutes.

3 Répartissez dans 2 bols avant de servir.

ASTUCE

Transformez cette soupe en plat complet en y incorporant du quinoa ou du boulgour que vous ferez cuire avec les lentilles.

POUR 2 PERSONNES **PRÉPARATION : 5 MIN** **CUISSON : 25 MIN**

Soupe de légumes d'hiver à l'orge

VEGAN
SANS LACTOSE

INGRÉDIENTS

125 g d'orge mondé (ou de petit épeautre ou de gruau d'avoine)

2 panais

2 carottes

2 navets

1 rutabaga

1 poireau

2 branches de céleri

2 oignons

5 feuilles de sauge

1 feuille de laurier

3 cuil. à soupe d'huile d'olive + 1 filet

sel marin et poivre

1 Mettez l'orge mondé à tremper pendant 12 heures. Ensuite, égouttez-le et faites-le cuire dans un grand volume d'eau froide non salée pendant 30 minutes à compter de l'ébullition.

2 Pelez les panais, les carottes, les navets et le rutabaga et coupez-les en cubes de 2 cm. Lavez soigneusement le poireau et coupez-le en rondelles. Lavez et effeuillez les branches de céleri. Ciselez les feuilles et coupez les branches en rondelles. Pelez et ciselez les oignons.

3 Dans un faitout, chauffez l'huile et faites-y revenir tous les légumes, à l'exception des feuilles de céleri, pendant 10 minutes à feu moyen. Versez 1,5 l d'eau, ajoutez l'orge, les feuilles de laurier et de sauge. Portez à ébullition et poursuivez la cuisson à petits frémissements pendant 20 minutes. En fin de cuisson, salez et poivrez.

4 Répartissez la soupe dans des assiettes creuses, parsemez de feuilles de céleri ciselées et arrosez d'un filet d'une excellente huile d'olive.

À SAVOIR

On trouve dans le commerce deux sortes d'orge : l'orge mondé et l'orge perlé. L'orge mondé est le grain brut, juste décortiqué. Quant à l'orge perlé, c'est un grain complètement raffiné, sans son (la couche extérieure du grain) ni germe qui a donc perdu l'essentiel de ses nutriments.

POUR 6 PERSONNES **PRÉPARATION : 15 MIN** **CUISSON : 1 H** **TREMPAGE : 12 H**

Bouillabaisse d'épinards

VEGAN
SANS GLUTEN
SANS LACTOSE

1 Épluchez et émincez finement le blanc du poireau et les gousses d'ail. Épluchez et coupez en rondelles épaisses les pommes de terre. Coupez le fenouil en quartiers et retirez le cœur.

2 Dans une grande casserole, faites chauffer l'huile d'olive sur feu moyen. Faites revenir le poireau, l'ail, les anis étoilés, le zeste d'orange, le sel, le poivre et les feuilles de laurier pendant 5 minutes. Ajoutez le safran et le vin blanc et laissez mijoter 5 minutes supplémentaires.

3 Ajoutez les pommes de terre, les tomates concassées et le fenouil. Mouillez avec 1 l d'eau et laissez cuire à petits bouillons pendant 30 minutes. Ajoutez les feuilles d'épinards et poursuivez la cuisson 5 minutes. Retirez les anis étoilés, les feuilles de laurier et le zeste d'orange.

4 Servez bien chaud avec des tranches de pain de campagne légèrement grillées et de la rouille.

INGRÉDIENTS

80 g de feuilles d'épinards

8 pommes de terre moyennes à chair ferme

1 poireau

1 fenouil

1 boîte de tomates concassées

2 gousses d'ail

2 feuilles de laurier

2 pincées de safran

2 anis étoilés

10 cl de vin blanc sec

le zeste de 1 orange

1 cuil. à soupe d'huile d'olive

1 cuil. à café de sel

½ cuil. à café de poivre moulu

POUR 4 PERSONNES **PRÉPARATION : 30 MIN** **CUISSON : 45 MIN**

PLATS

Croquettes de brocoli
à la noisette

VEGAN
SANS LACTOSE

INGRÉDIENTS

200 g de fleurettes de brocoli
1 cuil. à café de sel
1 pincée de poivre
50 g de noisettes
3 cuil. à soupe de fécule de maïs ou de pomme de terre
6 cuil. à soupe de lait d'avoine, d'amande ou de soja
15 g de chapelure, avec ou sans gluten
3 cuil. à soupe d'huile d'olive

1 Lavez le brocoli et faites-le cuire 3 minutes à l'eau bouillante. Laissez-le refroidir hors de l'eau. Placez les fleurettes de brocoli cuites dans le bol d'un robot. Ajoutez le sel et le poivre, puis mixez grossièrement jusqu'à l'obtention d'une semoule verte.

2 Concassez les noisettes et mélangez-les au brocoli, tout comme la fécule et le lait. Divisez la préparation en 8 portions et, à l'aide de la paume des mains, formez des boules.

3 Roulez les croquettes dans la chapelure avant de les faire cuire dans l'huile d'olive, à feu moyen, 2 minutes de chaque côté. Déposez-les sur une feuille de papier essuie-tout avant de servir. Servez-les accompagnées d'une salade de mâche ou de jeunes pousses.

À SAVOIR

Les choux verts sont les meilleurs amis des végétariens, mais pas seulement ! Gorgés de vitamines et de minéraux, antioxydants, ils préviendraient même certains cancers. Raison de plus pour en consommer régulièrement.

POUR 8 CROQUETTES PRÉPARATION : 10 MIN CUISSON : 7 MIN

Crêpes aux asperges et champignons

1 Dans un saladier, versez la farine et les œufs. Mélangez et ajoutez le lait en filet tout en fouettant. Faites fondre le beurre et incorporez-le à la pâte. Couvrez et laissez reposer 1 heure.

2 Huilez légèrement une poêle et faites cuire 1 petite louche de pâte. Laissez cuire la crêpe 3 ou 4 minutes et retournez-la lorsqu'elle est bien dorée. Poursuivez la cuisson 2 minutes. Renouvelez l'opération jusqu'à épuisement de la pâte.

3 Nettoyez et émincez finement les champignons. Faites-les revenir dans une poêle légèrement huilée pendant 15 minutes. Ajoutez la crème et assaisonnez. Faites cuire les asperges 15 minutes à l'eau bouillante légèrement salée. Égouttez-les.

4 Dans chaque crêpe, répartissez les asperges, les champignons à la crème. Parsemez de ciboulette et repliez. Servez les crêpes accompagnées d'une salade pour un déjeuner léger.

INGRÉDIENTS

100 g de farine

2 œufs

25 cl de lait

25 g de beurre

800 g d'asperges

500 g de champignons

20 cl de crème

2 cuil. à soupe de ciboulette ciselée

huile

1 cuil. à café de sel

½ cuil. à café de poivre

POUR 4 PERSONNES **PRÉPARATION : 20 MIN** **REPOS : 1 H** **CUISSON : 30 MIN**

Crêpes japonaises
aux légumes

SANS LACTOSE

INGRÉDIENTS

300 g de farine

1 ½ cuil. à café de poudre à lever

38 cl de bouillon de légumes (voir recette p. 106)

1 œuf

8 grandes feuilles de chou chinois

1 carotte

1 ciboule

1 petite courgette

2 cuil. à soupe d'huile + 1 filet

1 cuil. à café de sel

1 Épluchez la carotte. Râpez grossièrement la carotte et la courgette. Émincez les feuilles de chou chinois et la ciboule.

2 Dans un saladier, mélangez la farine, la poudre à lever, le sel, l'huile, l'œuf battu et le bouillon de légumes. Fouettez jusqu'à l'obtention d'une pâte à crêpes lisse et épaisse. Incorporez la carotte, la courgette et le chou chinois.

3 Faites chauffer le filet d'huile dans une poêle à fond épais sur feu vif. Versez 1 grosse louche de pâte et laissez cuire 8 minutes avant de retourner la crêpe et de cuire l'autre côté à nouveau 8 minutes. Les crêpes doivent être bien dorées.

4 Servez immédiatement avec du coleslaw (voir recette p. 26).

POUR 4 PERSONNES **PRÉPARATION : 20 MIN** **CUISSON : 30 MIN**

Galette de flocons
maxi format, sauce blanche

1 Préchauffez le four à 180 °C (th. 6).

2 Pelez et râpez les carottes. Pelez et dégermez les gousses d'ail. Pelez les oignons. Hachez ensemble l'ail et les oignons. Hachez grossièrement au couteau les noix de cajou. Battez les œufs en omelette.

3 Dans un saladier, versez les flocons 5 céréales, les flocons de pois cassés, la farine, les noix de cajou, le cumin, le sel et quelques tours de moulin à poivre. Mélangez. Ajoutez les carottes râpées, l'ail et les oignons hachés, les œufs et l'huile, et amalgamez le tout en remuant bien.

4 Huilez une plaque de cuisson. Dressez une grande galette à l'aide d'un cercle de 22 cm de diamètre et tassez. Enfournez pour 20 minutes.

5 Pendant ce temps, préparez la sauce blanche. Rincez et ciselez la ciboulette. Mélangez tous les ingrédients. Au besoin, détendez avec un peu d'eau pour avoir une sauce bien crémeuse.

6 À la sortie du four, servez la galette coupée en parts et accompagnez-la de sauce blanche.

INGRÉDIENTS

220 g de flocons 5 céréales
80 g de flocons de pois cassés
350 g de carottes (ou courgettes)
80 g de noix de cajou
3 œufs
2 gousses d'ail
2 petits oignons
3 cuil. à soupe de farine de blé T65 à T110
3 cuil. à soupe d'huile d'olive + un peu pour la plaque
1 ½ cuil. à café de cumin en poudre
1 ½ cuil. à café de sel marin
poivre

Pour la sauce blanche :

150 g de yaourt grec
1 cuil. à soupe de vinaigre de cidre
1 cuil. à soupe d'huile d'olive
½ bouquet de ciboulette

À SAVOIR

Les flocons sont très pratiques car en plus d'être sains, ils cuisent rapidement. Ils se composent de grains de céréales (avoine, blé et épeautre, sarrasin, maïs…) et de graines de légumineuses (pois cassés et pois chiches, lentilles…), précuits à la vapeur puis aplatis et séchés, voire toastés.

POUR 6 PERSONNES **PRÉPARATION : 20 MIN** **CUISSON : 20 MIN**

Galettes
de pommes de terre

VEGAN
SANS GLUTEN
SANS LACTOSE

INGRÉDIENTS

300 g de pommes de terre
1 petit oignon
1 branche de céleri (facultatif)
2 œufs
huile de coco vierge ou huile d'olive
sel de Guérande

1 Épluchez, lavez puis râpez les pommes de terre. Essorez-les bien dans un linge propre.

2 Déposez-les dans un saladier et ajoutez-y l'oignon et le céleri, coupés finement, avec les œufs et le sel. Mélangez vigoureusement, puis divisez la préparation en 4 parts.

3 Faites revenir un peu d'huile de coco dans une poêle et déposez une part de pommes de terre râpées. Tassez légèrement pour former une galette et faites-la cuire 2 ou 3 minutes sur chaque face. Aidez-vous d'une assiette pour la retourner. Procédez ainsi pour les galettes restantes.

POUR 2 PERSONNES PRÉPARATION : 15 MIN CUISSON : 20 MIN

Galettes de sarrasin
aux spaghettis de légumes

SANS GLUTEN
SANS LACTOSE

INGRÉDIENTS

150 g de farine de sarrasin
5 œufs
2 carottes
1 courgette
50 g de noisettes (ou d'amandes)
1 cuil. à soupe d'huile de sésame
huile pour la poêle
sel marin

Pour la sauce :

3 cuil. à soupe d'huile d'olive
1 cuil. à soupe de vinaigre balsamique
1 à 2 cuil. à café de harissa
le jus de ½ citron

1 Dans un saladier, mélangez la farine et une pincée de sel. Formez un puits et versez 12,5 cl d'eau petit à petit tout en fouettant. Ajoutez 1 œuf battu en omelette et délayez avec 12,5 cl d'eau. Laissez reposer au moins 1 heure.

2 Pendant ce temps, lavez les carottes et la courgette. À l'aide d'un éplucheur à julienne, réalisez les spaghettis. Portez à ébullition une casserole d'eau et faites cuire 30 secondes les spaghettis. Égouttez et réservez.

3 Concassez grossièrement les noisettes. Dans une poêle chaude, torréfiez-les quelques secondes sans cesser de remuer. Préparez la sauce en mélangeant tous les ingrédients. Dans un petit saladier, battez les 4 œufs restants avec 2 cuillerées à soupe d'eau et l'huile de sésame.

4 Faites chauffer à feu vif une poêle à crêpes légèrement graissée. Versez une louche de pâte au sarrasin. Laissez cuire jusqu'à ce que la crêpe se détache facilement, faites-la glisser sur une assiette et maintenez-la au chaud. Renouvelez l'opération avec le reste de pâte.

5 Au moment de manger, dans la poêle chaude, placez une crêpe et versez un quart du mélange aux œufs. Laissez cuire le temps que l'œuf prenne. Garnissez rapidement de spaghettis de légumes et de noisettes torréfiées. Servez avec la sauce à la harissa.

POUR 4 GALETTES PRÉPARATION : 25 MIN CUISSON : 20 MIN REPOS : 1 H

Steak végétal,
sauce chimichurri

SANS GLUTEN
SANS LACTOSE

1 Rincez abondamment les graines de quinoa à l'eau froide. Dans une casserole, versez le quinoa et ajoutez 45 cl d'eau. Portez à ébullition, puis couvrez et faites cuire 15 minutes à feu doux. Retirez du feu et laissez gonfler à couvert les graines de quinoa 5 minutes.

2 Préchauffez le four à 180 °C (th. 6). Pelez et râpez finement la betterave. Pelez et hachez l'oignon. Décoquillez les noix et coupez les cerneaux en petits morceaux. Battez l'œuf en omelette. Dans un saladier, versez tous les ingrédients et mélangez bien pour les amalgamer.

3 Sur une plaque de cuisson recouverte de papier sulfurisé, façonnez 6 steaks (pour vous aider, vous pouvez les mouler dans un moule à tartelette que vous retournerez sur la plaque ou utiliser un cercle à pâtisserie). Enfournez pour 20 minutes.

4 Pendant ce temps, préparez la sauce chimichurri. Rincez et effeuillez le persil. Pelez l'oignon et les gousses d'ail. Dans le bol d'un mini-hachoir, placez le persil, l'ail et l'oignon et mixez. Versez dans un bol, ajoutez l'huile et le vinaigre, le sel et le poivre et mélangez bien.

5 Servez les steaks bien chauds accompagnés de sauce chimichurri et d'une salade fraîcheur de saison.

INGRÉDIENTS

200 g de quinoa rouge
300 à 350 g de betterave crue
1 oignon
10 noix de Grenoble
1 œuf
2 cuil. à soupe d'huile d'olive
1 cuil. à café de cumin en poudre
¼ de cuil. à café de piment d'Espelette
1 cuil. à café de sel marin

Pour la sauce chimichurri :

10 cl d'huile d'olive
1 bouquet de persil plat
½ oignon
2 gousses d'ail
2 cuil. à soupe de vinaigre de vin
1 cuil. à café de fleur de sel
10 tours de moulin à poivre

POUR 6 STEAKS DE 10 CM DE DIAMÈTRE PRÉPARATION : 15 MIN CUISSON : 35 MIN

Gâteau courgette-feta

INGRÉDIENTS

250 g de farine de blé T65 ou T110
3 œufs
1 courgette
150 g de feta
1 yaourt de brebis
2 cuil. à café de poudre à lever
5 cuil. à soupe d'huile d'olive + un peu pour le moule
1 ½ cuil. à soupe de graines de sésame + un peu pour le décor
1 cuil. à soupe d'origan (ou thym)
sel et poivre

1 Lavez la courgette et détaillez-la en petits cubes. Sur une assiette, émiettez la feta.

2 Dans une grande poêle ou un wok, chauffez 2 cuillerées à soupe d'huile d'olive et faites sauter les dés de courgette jusqu'à ce qu'ils soient tendres.

3 Dans un saladier (ou la cuve d'un robot pâtissier), mélangez le yaourt, les œufs et le reste d'huile. Ajoutez la farine, la poudre à lever, l'origan, le sésame, la feta émiettée, ½ cuillerée à café de sel et 6 tours de moulin à poivre. Mélangez à nouveau jusqu'à obtenir une pâte homogène. Versez dans un moule à manqué préalablement huilé. Déposez sur le dessus les cubes de courgette poêlés et enfoncez-les juste un peu dans la pâte.

4 Préchauffez le four à 180 °C (th. 6). Enfournez le gâteau pour 35 minutes environ. Surveillez la fin de la cuisson en le piquant avec la lame d'un couteau : elle doit ressortir sèche.

5 Au moment de servir, saupoudrez le gâteau de graines de sésame et accompagnez-le d'une salade de roquette.

ASTUCE

Lavez et essorez les feuilles de 2 bottes de roquette. Rincez 20 tomates cerises et coupez-les en quatre. Lavez et détaillez en fines rondelles 3 oignons nouveaux. Dans un saladier, déposez la roquette, ajoutez les quartiers de tomate et les rondelles d'oignon, arrosez d'un filet d'huile d'olive et d'un trait de vinaigre balsamique, assaisonnez avec de la fleur de sel et quelques tours de moulin à poivre.

POUR 6 PERSONNES PRÉPARATION : 15 MIN CUISSON : 40 MIN

Quiche aux poireaux
et sésame

VEGAN
SANS LACTOSE

1 Préparez la pâte : dans un saladier, délayez la purée de sésame dans 8 cl d'eau. Incorporez l'huile, le sel et les farines. Travaillez la pâte avec les doigts jusqu'à former une boule.

2 Farinez le plan de travail, déposez la pâte devant vous et appuyez légèrement pour l'aplatir. À l'aide d'un rouleau, étalez-la, déposez-la ensuite sur une feuille de papier sulfurisé, puis dans un moule de 26 cm de diamètre.

3 Préparez la garniture : pelez l'oignon et hachez-le finement. Lavez les poireaux, équeutez-les, puis détaillez-les en rondelles. Versez-les dans une sauteuse avec l'oignon haché et l'huile d'olive. Couvrez et faites chauffer à feu moyen pendant 5 minutes. Ajoutez 10 cl d'eau et poursuivez la cuisson 5 minutes. Répartissez les légumes sur la pâte.

4 Préchauffez le four à 180 °C (th. 6). Dans un bol, mélangez le tofu soyeux préalablement égoutté avec le yaourt de soja, la moutarde et le sel. Répartissez cette crème sur les légumes, puis saupoudrez de graines de sésame. Enfournez pour 30 minutes et servez aussitôt.

INGRÉDIENTS

Pour la pâte :

160 g de farine de sarrasin

120 g de farine de blé T80
+ un peu pour le plan de travail

30 g de purée de sésame semi-complet

60 g d'huile d'olive

1 pincée de sel

Pour la garniture :

2 poireaux

2 cuil. à café de graines de sésame

400 g de tofu soyeux

100 g de yaourt de soja

1 oignon jaune

2 cuil. à soupe d'huile d'olive

1 cuil. à soupe de moutarde

1 cuil. à café de sel

VARIANTE

Pour une version sans gluten, troquez la farine de blé pour de la farine de riz complet.

POUR 6 À 8 PERSONNES   PRÉPARATION : 15 MIN   CUISSON : 40 MIN

Quiche
aux légumes d'été

INGRÉDIENTS

1 pâte brisée
1 poivron jaune (200 g)
3 courgettes (300 g)
250 g de tomates cerises
2 oignons rouges (150 g)
3 œufs
50 g d'emmental râpé
2 cuil. à soupe de crème de soja
2 cuil. à soupe d'huile d'olive
2 cuil. à café de fécule de maïs
2 cuil. à café de moutarde à l'ancienne
un peu de thym (facultatif)
½ cuil. à café de sel de Guérande

1 Coupez les oignons à la mandoline et faites-les revenir avec l'huile dans une poêle à feu moyen pendant 2 minutes. Ajoutez le poivron et les courgettes coupés finement et laissez cuire 10 minutes.

2 Étalez la pâte et foncez-en un moule à tarte couvert de papier sulfurisé. À l'aide d'une fourchette, percez de petits trous la surface de la pâte. Préchauffez le four à 200 °C (th. 6-7).

3 Coupez en deux les tomates cerises. Mélangez vivement les œufs, la crème de soja, l'emmental râpé, la fécule, le sel, la moutarde et le thym.

4 Étalez les légumes au fond de la tarte et disposez par-dessus les tomates cerises, face coupée vers le haut. Nappez le tout de la préparation aux œufs.

5 Enfournez pour 30 minutes.

POUR 4 À 6 PERSONNES **PRÉPARATION : 15 MIN** **CUISSON : 45 MIN**

Quiche aux légumes primeurs et salade d'herbe

INGRÉDIENTS

1 botte de carottes nouvelles

500 g de petits pois frais

1 tête d'ail nouveau

200 g de farine de blé T80 (ou de petit épeautre) + un peu pour le plan de travail

3 œufs

20 cl de crème de soja

10 cl de lait

4 cuil. à soupe d'huile d'olive + un peu pour les lamelles d'ail

2 cuil. à soupe de graines de pavot

sel marin et poivre

Pour la salade d'herbe :

jeunes pousses de salade variées

roquette

mélange d'herbes fraîches (persil, basilic, menthe)

2 cuil. à soupe de moutarde à l'ancienne

2 cuil. à soupe de vinaigre de vin

2 cuil. à soupe d'huile de colza

2 cuil. à soupe d'huile d'olive

sel et poivre

1 Pelez, lavez et coupez les carottes en deux dans la longueur. Écossez les petits pois. Épluchez et émincez finement les gousses d'ail. Portez une casserole d'eau salée à ébullition. Plongez les carottes et les petits pois dans l'eau bouillante. Faites-les cuire 5 minutes et égouttez-les. Séparez les carottes des petits pois. Dans une petite poêle, chauffez un filet d'huile d'olive et faites frire 2 minutes les lamelles d'ail.

2 Préchauffez le four à 180 °C (th. 6). Préparez le fond de tarte. Mélangez la farine, les graines de pavot et une pincée de sel. Ajoutez l'huile et remuez. Incorporez 5 à 10 cl d'eau et travaillez du bout des doigts jusqu'à obtenir une boule de pâte qui ne colle pas. Farinez le plan de travail, étalez la pâte et déposez-la dans le moule à tarte. Piquez le fond de tarte avec une fourchette et faites-la précuire 10 minutes.

3 Dans un saladier, mélangez les œufs, la crème, le lait, ½ cuillerée à café de sel et quelques tours de moulin à poivre. Ajoutez les petits pois et les lamelles d'ail, puis mélangez. Versez sur le fond de tarte précuit et garnissez de carottes. Enfournez pour 35 minutes.

4 Pendant ce temps, préparez la salade d'herbe. Lavez et essorez les feuilles de salade, la roquette et les herbes fraîches. Ciselez les herbes. Dans un grand saladier, mélangez à la main toute la verdure. Dans un bol, mélangez la moutarde, le vinaigre et un peu de sel et de poivre. Tout en remuant, ajoutez les huiles en mince filet. Nappez-en la salade et remuez délicatement. Servez la tarte chaude, tiède ou froide accompagnée de sa salade d'herbe de saison.

POUR 6 PERSONNES PRÉPARATION : 25 MIN CUISSON : 50 À 55 MIN

Spanakopita

1 Préchauffez le four à 200 °C (th. 6-7).

2 Décongelez les épinards. Épluchez et émincez finement l'oignon. Chauffez une poêle sur feu moyen avec le filet d'huile d'olive et faites fondre l'oignon émincé pendant 10 minutes.

3 Lavez et hachez le persil. Émiettez la feta. Dans un saladier, mélangez les épinards, l'oignon cuit, le persil, les œufs battus, la feta, l'huile d'olive, la cannelle, la noix de muscade, le sel et le poivre.

4 Faites fondre le beurre. Badigeonnez une feuille de brick de beurre fondu à l'aide d'un pinceau et placez-la au fond d'un moule à manqué. Beurrez quatre autres feuilles et placez-les en corolle tout autour du moule en les laissant déborder. Beurrez une autre feuille de brick et placez-la au fond du moule. Versez dans le moule la préparation aux épinards. Repliez les feuilles de brick dessus et placez les deux feuilles restantes préalablement beurrées par-dessus.

5 Enfournez et laissez cuire 45 minutes. Les feuilles de brick doivent être bien croustillantes et dorées. Servez tiède ou à température ambiante pour un déjeuner léger.

INGRÉDIENTS

8 feuilles de brick

1 kg d'épinards hachés surgelés

1 oignon

3 œufs

200 g de feta

70 g de beurre

½ bouquet de persil

2 cuil. à soupe d'huile d'olive + 1 filet

2 pincées de cannelle

1 pincée de noix de muscade râpée

½ cuil. à café de sel

¼ de cuil. à café de poivre

POUR 4 PERSONNES **PRÉPARATION : 20 MIN** **CUISSON : 1 H**

Strudel potiron,
champignons

INGRÉDIENTS

6 feuilles de pâte filo
350 g de chair de potiron
500 g de champignons de Paris
1 cuil. à café de thym
1 cuil. à café de persil haché
3 cuil. à café d'huile d'olive
1 cuil. à café de sel
½ cuil. à café de poivre

1 Préchauffez le four à 200 °C (th. 6-7). Lavez et coupez les champignons en lamelles. Coupez la chair du potiron en petits cubes.

2 Chauffez 1 cuillerée à soupe d'huile d'olive dans une poêle et faites revenir les champignons pendant 10 minutes avec le sel, le poivre, le thym et le persil. Faites cuire le potiron à la vapeur 10 minutes. Mélangez le potiron avec les champignons.

3 Badigeonnez les feuilles de filo avec un peu d'huile d'olive et superposez-les. Placez la préparation aux champignons et au potiron au centre des feuilles filo et repliez celles-ci afin de former un gros rouleau. Badigeonnez le dessus du strudel avec l'huile d'olive restante. Placez le strudel sur une plaque de cuisson recouverte de papier sulfurisé.

4 Enfournez et laissez cuire 30 minutes. Le strudel est prêt lorsqu'il est doré et croustillant. Servez bien chaud avec une salade de mesclun.

POUR 4 PERSONNES PRÉPARATION : 20 MIN CUISSON : 40 MIN

Tarte à la carotte
et chou rouge aux graines

1 Pelez les carottes. Retirez éventuellement les premières feuilles du chou et ôtez le cœur. Râpez les légumes à la grosse grille. Coupez le beurre en petits morceaux.

2 Dans un saladier, mélangez du bout des doigts les farines avec le beurre pour former une pâte sablonneuse. Ajoutez 5 cl d'eau et pétrissez jusqu'à obtenir une pâte souple et non collante. Au besoin, ajoutez un peu d'eau. Réservez au frais, le temps de préparer la garniture.

3 Dans un saladier, mélangez les œufs, la crème, le lait, les épices avec ½ cuillerée à café de sel et quelques tours de moulin à poivre. Ajoutez les légumes râpés, les graines et mélangez.

4 Préchauffez le four à 180 °C (th. 6). Sur le plan de travail fariné, étalez la pâte au rouleau à pâtisserie et déposez-la dans un plat à tarte de 26 cm de diamètre. Piquez le fond de tarte avec une fourchette. Versez doucement la garniture en répartissant les légumes de façon homogène.

5 Enfournez pour 45 minutes. Sortez ensuite la tarte du four. Servez-la encore chaude, tiède ou froide. Accompagnez-la d'une salade verte assaisonnée d'une vinaigrette à base de vinaigre balsamique et d'huile de colza, et saupoudrée de graines de courge, de tournesol et de sésame.

INGRÉDIENTS

- 150 g de farine de blé T65 + un peu pour le moule
- 50 g d'autre farine (seigle, châtaigne, sarrasin…)
- 2 carottes
- ½ petit chou rouge
- 100 g de beurre
- 3 œufs
- 20 cl de crème liquide ou végétale
- 10 cl de lait (ou lait végétal)
- 50 g de graines de courge et de tournesol
- 1 cuil. à café de cannelle en poudre
- ⅛ de cuil. à café de noix de muscade
- sel et poivre

ASTUCE

Ne jetez pas les chutes de pâte. Utilisez-les pour décorer la tarte ! Avec les chutes, formez une boule que vous étalez au rouleau. Découpez, à l'aide d'emporte-pièce, des formes que vous déposerez sur la tarte juste avant de la faire cuire. Les enfants adorent !

POUR 6 PERSONNES PRÉPARATION : 25 MIN CUISSON : 45 MIN

Tarte aux tomates
et pomme de terre

VEGAN
SANS LACTOSE

INGRÉDIENTS

120 g de farine de blé T80
60 g de farine de sarrasin
20 g de petits flocons d'avoine
100 g de purée de tomates
6 tomates cerises de forme allongée
1 pomme de terre moyenne
2 grosses gousses d'ail
6 feuilles de basilic
5 cl d'huile d'olive
1 cuil. à soupe de moutarde à l'ancienne
1 cuil. à café de moutarde forte
1 cuil. à café de curry
1 cuil. à café d'herbes de Provence
½ cuil. à café d'origan
1 filet d'huile de sésame grillé
1 pincée de sel

1 Préchauffez le four à 200 °C (th. 6-7). Lavez la pomme de terre et faites-la cuire à l'eau bouillante 20 minutes.

2 Versez dans un saladier les farines avec les flocons, le curry et le sel. Incorporez l'huile d'olive et 5 cl d'eau, puis mélangez jusqu'à l'obtention d'une boule de pâte. Déposez la boule au centre d'une feuille de papier sulfurisé et abaissez la pâte au rouleau. Recouvrez la pâte d'une seconde feuille de papier sulfurisé pour qu'elle ne colle pas au rouleau. Formez un disque de 26 cm de diamètre.

3 Mélangez dans un bol la purée de tomates avec les moutardes et les herbes de Provence. Répartissez la préparation sur toute la surface de la pâte.

4 Pelez l'ail et tranchez chaque gousse très finement dans la longueur, à la mandoline si possible. Répartissez les lamelles sur la tarte.

5 Passez la pomme de terre cuite sous l'eau froide et pelez-la. Coupez-la en tranches fines, de 8 mm d'épaisseur environ. Répartissez les lamelles sur la tarte.

6 Coupez les tomates cerises en deux dans la longueur et répartissez-les sur la tarte, tout comme les feuilles de basilic. Saupoudrez d'origan et arrosez d'huile de sésame. Enfournez pour 15 minutes.

ASTUCE

Répartissez une belle poignée de roquette sur la tarte avant de servir.

POUR 2 PERSONNES PRÉPARATION : 15 MIN CUISSON : 35 MIN

Tarte feuilletée
aux tomates, romarin et moutarde

VEGAN
SANS GLUTEN
SANS LACTOSE

INGRÉDIENTS

1 pâte feuilletée végétalienne

4 tomates fermes

1 branche de romarin (ou 1 belle cuil. à café d'herbes de Provence)

1 belle cuil. à soupe de moutarde forte

1 cuil. à soupe de moutarde à l'ancienne

20 cl de crème de soja ou d'amande

1 petite cuil. à café de curcuma (facultatif)

6 olives noires

1 cuil. à café de sel

1 pincée de poivre noir

1 Préchauffez le four à 180 °C (th. 6).

2 Déroulez la pâte feuilletée et placez-la dans un moule à tarte de 26 cm de diamètre. Piquez toute la surface avec une fourchette et déposez-y des billes de cuisson. Enfournez pour 5 minutes.

3 Ôtez les billes de cuisson et étalez la moutarde forte. Lavez les tomates et coupez-les en fines lamelles avant de les répartir sur la tarte.

4 Dans un bol, mélangez la crème, la moutarde à l'ancienne, le sel, le poivre et le curcuma, si vous le souhaitez. Versez la préparation sur les tomates, en prenant soin de l'étaler uniformément.

5 Détaillez la branche de romarin en 3 ou 4 morceaux et déposez-les sur la tarte. Ajoutez les olives noires et enfournez pour 20 à 25 minutes, à 180 °C (th. 6).

À SAVOIR

Les pâtes feuilletées végétales se trouvent en grandes surfaces et dans les magasins bio.

POUR 4 PERSONNES **PRÉPARATION : 10 MIN** **CUISSON : 25 À 30 MIN**

Tarte oignons caramélisés,
figues, chèvre, miel

1 Préparez la pâte : mélangez dans un saladier la farine, le sel et le beurre jusqu'à l'obtention d'un mélange sablonneux. Ajoutez l'eau cuillerée par cuillerée en travaillant la pâte afin d'obtenir une consistance lisse et homogène. Filmez et réservez au réfrigérateur.

2 Préchauffez le four à 200 °C (th. 6-7). Épluchez et émincez finement les oignons. Faites-les fondre dans une large poêle sur feu doux avec 2 cuillerées à soupe d'huile d'olive pendant 30 minutes. Ajoutez le vinaigre balsamique et le sucre et laissez cuire encore 15 minutes. Retirez du feu et réservez.

3 Sur un plan de travail fariné, étalez la pâte sortie du réfrigérateur et foncez un moule à tarte beurré. Piquez le fond de la pâte à l'aide d'une fourchette, puis recouvrez-le d'une feuille de papier sulfurisé et versez des lentilles sur toute la surface. Enfournez et faites cuire à blanc pendant 20 minutes. Sortez le moule du four, retirez les lentilles et le papier sulfurisé.

4 Coupez les figues en tranches épaisses. Répartissez les oignons caramélisés sur le fond de tarte. Disposez les figues dessus et parsemez de fromage de chèvre frais. Laquez avec l'huile d'olive restante et le miel. Remettez au four 10 minutes environ jusqu'à ce que le fromage soit légèrement fondu. Servez à température ambiante avec une salade de roquette.

INGRÉDIENTS

250 g de farine + un peu pour le plan de travail

125 g de beurre bien froid + un peu pour le moule

4 gros oignons jaunes

1 dizaine de figues fraîches

200 g de fromage de chèvre frais

1 cuil. à soupe de miel de romarin

3 cuil. à soupe d'huile d'olive

3 cuil. à soupe d'eau froide

1 cuil. à soupe de vinaigre balsamique

1 cuil. à soupe de sucre muscovado

1 cuil. à café de sel

POUR 4 À 6 PERSONNES **PRÉPARATION : 30 MIN** **CUISSON : 1 H 15**

Pizza
pâte au chou-fleur

INGRÉDIENTS

1 petit chou-fleur
1 œuf
1 bocal de sauce tomate au basilic
80 g de mozzarella
1 pincée de sel

1 Préchauffez le four à 200 °C (th. 6-7).

2 Ôtez les feuilles et le cœur du chou-fleur et découpez les bouquets. Lavez-les et séchez-les. Hachez les bouquets à l'aide d'un couteau, puis placez-les dans le bol d'un robot. Mixez jusqu'à l'obtention d'une consistance similaire à de la semoule.

3 Dans un saladier, mélangez la semoule de chou-fleur, l'œuf battu et le sel. Étalez cette pâte sur une plaque de cuisson recouverte de papier sulfurisé en une couche de 5 mm d'épaisseur.

4 Nappez de sauce tomate. Garnissez de mozzarella coupée en tranches. Enfournez et laissez cuire 30 minutes. Servez bien chaud.

POUR 4 PERSONNES PRÉPARATION : 15 MIN CUISSON : 30 MIN

Pizza blanche
aux ravioles du Dauphiné

1 Dans un bol, délayez la levure et le sucre dans 20 cl d'eau tiède et laissez reposer 15 minutes. Râpez le comté.

2 Dans un saladier ou sur un plan de travail, disposez la farine et le sel, mélangez. Faites un puits et versez la préparation eau-levure-sucre. Pétrissez 10 minutes en ajoutant un peu d'eau si nécessaire : la pâte doit être souple. Vous pouvez réaliser le pétrissage avec une machine à pain ou un robot pâtissier muni d'un crochet. Formez une boule, déposez-la dans un grand récipient, couvrez d'un torchon. Laissez lever la pâte 1 ou 2 heures dans un endroit chaud (25 à 30 °C) à l'abri des courants d'air : elle doit doubler de volume.

3 Sur le plan de travail fariné, étalez la pâte. Nappez-la de crème fraîche, saupoudrez de comté et répartissez les ravioles encore congelées.

4 Préchauffez le four à 240 °C (th. 8), chaleur statique.

5 Enfournez pour 10 à 15 minutes. Deux minutes avant la fin de la cuisson, parsemez la pizza de noix. À la sortie du four, arrosez d'un filet d'huile de noix. Découpez en parts et dégustez aussitôt.

INGRÉDIENTS

335 g de farine + un peu pour le plan de travail

250 g de ravioles du Dauphiné surgelées

5 cuil. à soupe de crème fraîche épaisse

75 g de comté

10 noix de Grenoble hachées

17 g de levure de boulanger fraîche

2 cuil. à soupe d'huile de noix

½ cuil. à café de sucre

2 cuil. à café de sel

ASTUCE

Pendant le pétrissage de la pâte, préchauffez le four à 30 °C (th. 1), puis éteignez-le. Placez alors la pâte recouverte d'un torchon dans le four, le temps qu'elle lève.

POUR 4 À 6 PERSONNES PRÉPARATION : 25 MIN REPOS : 1 OU 2 H CUISSON : 10 À 15 MIN

Pizza blanche
aux pétales de légumes

INGRÉDIENTS

225 g de farine de blé T80 ou T110

200 g d'un assortiment de carotte, patate douce et courge

150 g de crème fraîche épaisse (ou de yaourt grec)

100 g de mozzarella

1 échalote

½ botte de persil plat

½ botte de coriandre

1 poignée de semoule de blé fine (ou de farine)

10 g de levure de boulanger fraîche

1 cuil. à soupe d'huile d'olive

½ cuil. à café de sucre de canne blond

1 cuil. à café de sel marin

1 Dans un bol, délayez la levure et le sucre dans 10 cl d'eau tiède et laissez reposer 15 minutes. Dans un saladier, disposez la farine et le sel et mélangez. Faites un puits et versez la préparation eau-levure-sucre. Pétrissez pendant 10 minutes en ajoutant un peu d'eau si nécessaire. Vous pouvez réaliser le pétrissage avec une machine à pain. Formez une boule, déposez-la dans un grand récipient couvert d'un torchon. Laissez lever la pâte 1 à 2 heures dans un endroit chaud (25 à 30 °C) à l'abri des courants d'air : elle doit doubler de volume.

2 Préchauffez le four à 240 °C (th. 8), chaleur statique.

3 Pelez les légumes. Tranchez-les en lamelles de 2 mm d'épaisseur à l'aide d'une mandoline ou d'un couteau bien aiguisé. Coupez la mozzarella en fines lamelles. Rincez, effeuillez et hachez très finement le persil et la coriandre. Épluchez et ciselez l'échalote.

4 Saupoudrez le plan de travail de semoule de blé. Étalez la pâte au rouleau à pâtisserie et déposez-la sur une plaque de cuisson. Nappez la pizza de crème fraîche, saupoudrez d'herbes et d'échalote, répartissez les lamelles de mozzarella et de légumes. Enfournez pour 15 à 20 minutes.

5 À la sortie du four, arrosez d'un filet d'huile d'olive. Découpez en parts et dégustez aussitôt.

ASTUCE

Utilisez une farine de grand épeautre pour une pâte à pizza plus riche en minéraux et protéines que celle à base de farine de blé.

POUR 4 PERSONNES **PRÉPARATION : 30 MIN** **REPOS : 1 À 2 H** **CUISSON : 20 MIN**

Veggie burgers

INGRÉDIENTS

4 pains à burger

4 tranches d'emmental

4 cuil. à soupe de sauce barbecue

quelques feuilles de laitue

Pour les steaks de tofu fumé :

200 g de tofu fumé

100 g de flocons 5 céréales

1 cuil. à soupe de farine de blé T65 à T150

1 œuf

2 cuil. à soupe d'huile d'olive + un peu pour la plaque

2 cuil. à café de tamari

¼ de cuil. à café de chili en poudre

Pour la sauce salsa :

1 tomate

1 poivron rouge

½ oignon rouge

1 cuil. à soupe de sirop d'érable

1 cuil. à soupe d'huile d'olive

sel marin et poivre

1 Préchauffez le four à 180 °C (th. 6). Préparez les steaks. Rincez le tofu à l'eau claire. Dans un saladier, émiettez-le avec les doigts. Ajoutez tous les ingrédients et mélangez bien. À l'aide d'un cercle à pâtisserie de 8 cm de diamètre, formez 4 steaks et déposez-les sur une plaque de cuisson huilée. Enfournez pour 20 minutes. Deux minutes avant la fin de la cuisson, déposez une tranche d'emmental sur chaque steak, le temps qu'elle fonde.

2 Pendant ce temps, préparez la sauce salsa. Rincez la tomate et le poivron et détaillez-les en tout petits cubes. Épluchez et ciselez finement l'oignon. Mettez ces ingrédients dans un bol, ajoutez l'huile et le sirop d'érable. Salez, poivrez et mélangez bien.

3 Coupez les pains en deux et faites-les chauffer au four 3 minutes, en même temps que la fin de cuisson des steaks.

4 Montez chaque burger : sur le pain du dessous, étalez la sauce barbecue, disposez les feuilles de salade, placez un steak avec le fromage fondu, recouvrez de sauce salsa, refermez le burger avec l'autre moitié du pain. Servez aussitôt avec des frites de légumes maison.

POUR 4 BURGERS   PRÉPARATION : 20 MIN   CUISSON : 20 MIN

Nuggets de carottes
et chou-fleur

VEGAN
SANS GLUTEN
SANS LACTOSE

1 Préparez la sauce : mélangez la crème végétale, le tamari et la moutarde. Réservez au réfrigérateur.

2 Préparez les nuggets : pelez et hachez l'oignon et les carottes. Rincez le chou-fleur et détaillez-le en bouquets. Placez les légumes dans une sauteuse. Ajoutez 1 cuillerée à soupe d'huile d'olive, le curry, le sel et le poivre et faites cuire 30 minutes à couvert, en remuant régulièrement. Laissez refroidir.

3 Mixez les légumes grossièrement au robot et incorporez la farine de pois chiches. Versez la chapelure dans une assiette creuse. À l'aide d'une cuillère à soupe, prélevez un peu de pâte et roulez-la dans la paume de vos mains, puis dans la chapelure.

4 Faites cuire les nuggets dans de l'huile d'olive, 5 minutes de chaque côté. Déposez-les sur une feuille de papier absorbant avant de servir, nappés de sauce.

INGRÉDIENTS

Pour les nuggets :

130 g de carottes

300 g de chou-fleur

1 oignon jaune

20 g de farine de pois chiches

8 cuil. à soupe de chapelure

1 cuil. à café de curry

huile d'olive

1 pincée de sel

1 pincée de poivre noir

Pour la sauce :

4 cuil. à soupe de crème végétale au choix

2 petites cuil. à soupe de tamari (ou de sauce soja)

1 cuil. à café de moutarde forte

VARIANTE

On peut aussi utiliser de la courge !

POUR 16 NUGGETS PRÉPARATION : 15 MIN CUISSON : 40 MIN

Bagels poire et roquefort

INGRÉDIENTS

2 pains ronds à bagel
1 poire
50 g de roquefort
2 poignées de mâche
1 avocat bien mûr
4 noix de Grenoble
2 cuil. à café de vinaigre de cidre
1 pincée de piment d'Espelette
sel marin

1 Préchauffez le four à 200 °C (th. 6-7).

2 Lavez soigneusement les feuilles de mâche et séchez-les. Coupez l'avocat en deux, retirez le noyau et récupérez la chair. Mixez-la avec le vinaigre de cidre, le piment d'Espelette et une pincée de sel. Décoquillez les noix et hachez-les grossièrement. Lavez et coupez la poire en lamelles.

3 Coupez les pains en deux dans l'épaisseur et faites-les griller côté mie sur une plaque de cuisson placée à 10 cm du gril, juste le temps que le pain dore.

4 Tartinez l'intérieur des pains de purée d'avocat, garnissez de feuilles de mâche, de noix hachées, de roquefort et de lamelles de poire. Refermez le bagel et dégustez aussitôt.

POUR 2 BAGELS **PRÉPARATION : 15 MIN** **CUISSON : 5 MIN**

Burritos aux haricots
rouges et purée d'avocat

VEGAN
SANS LACTOSE

1 Versez 20 cl d'eau dans une casserole et portez à ébullition à feu vif, à couvert. Rincez et égouttez le boulgour et le quinoa, puis plongez-les dans l'eau bouillante. Faites cuire à couvert et à feu moyen pendant 10 minutes. Rajoutez un peu d'eau si nécessaire. Retirez la casserole du feu et laissez tiédir à découvert.

2 Rincez et égouttez les haricots rouges, pelez et hachez l'ail. Versez-les dans une casserole avec la purée de tomates. Faites cuire 6 minutes à feu doux et à couvert, en remuant de temps en temps.

3 Rincez et râpez la carotte. Prélevez la chair de l'avocat et réduisez-la en purée à la fourchette, dans un bol, avec l'huile de sésame, le piment d'Espelette, le sel et le poivre.

4 Chauffez les tortillas à la poêle ou au four quelques minutes. Garnissez-les de quinoa/boulgour, de haricots, de carotte râpée et de purée d'avocat avant de servir.

INGRÉDIENTS

4 tortillas

160 g (poids égoutté) de haricots rouges en boîte

1 avocat bien mûr

100 g de purée de tomates

25 g de quinoa

25 g de boulgour

1 gousse d'ail

1 carotte

1 cuil. à café d'huile de sésame grillé

½ cuil. à café de piment d'Espelette

1 pincée de sel

1 pincée de poivre noir

POUR 2 PERSONNES PRÉPARATION : 10 MIN CUISSON : 20 MIN

Calzones aux herbes

INGRÉDIENTS

500 g de farine de blé T65 ou T80 + un peu pour le plan de travail

400 g d'épinards frais

150 g de roquette

250 g de ricotta

200 g de mozzarella

35 g de parmesan

21 g de levure de boulanger fraîche

2 cuil. à soupe d'huile d'olive

1 cuil. à café de sucre de canne blond

sel marin et poivre

1 Dans un bol, délayez la levure et le sucre dans 20 cl d'eau tiède et laissez reposer 15 minutes. Dans un saladier, disposez la farine et 2 cuillerées à café de sel et mélangez. Faites un puits et versez-y la préparation eau-levure-sucre. Pétrissez pendant 10 minutes en ajoutant un peu d'eau si nécessaire. Formez une boule, déposez-la dans un grand récipient couvert d'un torchon. Laissez lever la pâte 1 à 2 heures dans un endroit chaud (25 à 30 °C) à l'abri des courants d'air : elle doit doubler de volume.

2 Rincez et séchez les feuilles de roquette. Détachez les tiges des feuilles des épinards et lavez les feuilles soigneusement. Faites-les cuire 3 minutes à la vapeur, laissez-les tiédir, puis essorez-les entre vos mains. Râpez le parmesan. Coupez la mozzarella en fines lamelles.

3 Préchauffez le four à 240 °C (th. 8), chaleur statique.

4 Partagez la pâte à pizza en cinq parts égales. Sur le plan de travail fariné, étalez chaque pâton en cercle. Sur la moitié de chacun d'eux, en laissant 1 cm de libre sur le bord, étalez un peu de ricotta, répartissez la mozzarella et le parmesan, salez, poivrez et terminez par les épinards et la roquette. Repliez chaque cercle sur lui-même pour former 5 calzones. Pincez avec les doigts pour souder les rebords. Déposez les calzones sur une plaque de cuisson, badigeonnez-les un peu d'huile d'olive, et enfournez pour 15 à 20 minutes.

5 Servez dès la sortie du four.

POUR 5 CALZONES   PRÉPARATION : 30 MIN   REPOS : 1 À 2 H   CUISSON : 20 MIN

Chou chinois en croûte

VEGAN
SANS LACTOSE

INGRÉDIENTS

1 chou chinois

300 g de carottes

100 g de tofu fumé

1 rouleau de pâte brisée sans beurre

1 oignon

1 cuil. à soupe d'huile d'olive

1 ½ cuil. à soupe de fécule de maïs

4,5 cl de crème de soja

½ cube de bouillon de légumes

lait de soja nature

sel de Guérande

1 Coupez finement l'oignon en petits dés et faites-le revenir avec l'huile d'olive au fond du wok. Épluchez les carottes, coupez-les en rondelles, puis en quatre. Lavez et émincez le chou chinois, puis déposez le tout dans le wok.

2 Versez en pluie la fécule de maïs sur les légumes, mélangez soigneusement. Ajoutez la crème de soja, le cube de bouillon de légumes émietté, le tofu fumé coupé en dés. Salez et remuez. Laissez cuire encore 5 minutes.

3 Préchauffez le four à 200 °C (th. 6-7).

4 Déposez le contenu du wok dans un moule à gâteau ou dans de petits ramequins. Déroulez le rouleau de pâte brisée et découpez-y un cercle de la taille du moule, en comptant 1 cm de plus tout autour. Recouvrez les légumes avec ce cercle de pâte. Scellez bien le tout en pressant la pâte sur le bord du cercle.

5 Badigeonnez le dessus de lait de soja à l'aide d'un pinceau. Enfournez pour 10 bonnes minutes, jusqu'à ce que la pâte dore.

POUR 6 PERSONNES PRÉPARATION : 15 MIN CUISSON : 25 MIN

Croq'madame revisité

1 Battez 1 œuf avec une pincée de sel et la moitié du cumin, puis faites-le cuire dans une petite poêle huilée. Procédez de même avec le deuxième œuf.

2 Toastez 2 tranches de pain de mie, tartinez-les de beurre végétal. Disposez sur l'une d'elles 1 tranche de gouda et 1 omelette. Coupez la tomate en rondelles, répartissez-en quelques-unes sur l'omelette, terminez par 1 feuille de salade, puis recouvrez avec la deuxième tranche de pain de mie.

3 Procédez de la même manière pour le deuxième croque-madame. Servez immédiatement.

INGRÉDIENTS

4 tranches de pain de mie complet

2 tranches de gouda

2 œufs

1 tomate

2 feuilles de salade

beurre végétal

huile d'olive

½ cuil. à café de cumin

sel de Guérande

POUR 2 PERSONNES **PRÉPARATION : 10 MIN** **CUISSON : 10 MIN**

Croque-monsieur
oignons caramélisés et épinards

INGRÉDIENTS

16 tranches de pain de mie complet

3 gros oignons jaunes

8 poignées de feuilles d'épinards

250 g de tomme de brebis en tranches

8 cuil. à café de moutarde à l'ancienne

3 cuil. à soupe de cassonade

2 cuil. à soupe d'huile

1 Pelez et émincez finement les oignons. Chauffez l'huile dans une poêle et faites caraméliser les oignons sur feu doux avec la cassonade pendant 20 minutes environ.

2 Sur 8 tranches de pain de mie, étalez 1 cuillerée à café de moutarde à l'ancienne. Répartissez l'oignon caramélisé, puis 1 poignée de feuilles d'épinards et terminez par les tranches de tomme de brebis. Placez 1 tranche de pain sur le tout.

3 Faites cuire les croque-monsieur 10 minutes environ dans un appareil type gril/gaufrier ou bien dans une poêle bien chaude en les retournant. Les croque-monsieur sont prêts lorsque le pain est croustillant et le fromage fondu.

4 Servez immédiatement avec une salade verte.

POUR 4 PERSONNES **PRÉPARATION : 20 MIN** **CUISSON : 45 MIN**

Hot dogs de patate douce effilochée

1 Préchauffez le four à 180 °C (th. 6). Épluchez l'oignon et la patate douce. Émincez l'oignon en fines rondelles. À l'aide d'une grosse râpe ou d'une mandoline, façonnez de longs spaghettis de patate douce.

2 Dans un saladier, mélangez l'huile, la sauce barbecue, ½ cuillerée à café de sel et le poivre. Ajoutez l'oignon et les spaghettis de patate douce. Mélangez bien afin que l'oignon et la patate douce soient parfaitement enrobés.

3 Placez cette préparation sur une plaque de cuisson recouverte de papier sulfurisé. Enfournez et laissez cuire 45 minutes, en remuant de temps en temps. Les spaghettis doivent être fondants et caramélisés.

4 Pendant ce temps, mélangez dans un bol le yaourt à la grecque, le jus de citron et le sel restant.

5 Répartissez la patate douce entre les 4 pains à hot dog. Arrosez de sauce au yaourt et parsemez de feuilles de coriandre. Servez immédiatement.

INGRÉDIENTS

4 pains à hot dog

1 grosse patate douce (500 g environ)

1 oignon jaune

½ citron

50 g de yaourt à la grecque

6 cuil. à soupe de sauce barbecue

2 cuil. à soupe d'huile

1 poignée de feuilles de coriandre

1 cuil. à café de sel

¼ cuil. à café de poivre moulu

À SAVOIR

La patate douce peut avoir une chair blanche, jaune, orange ou pourpre, selon les variétés (il en existe une centaine !). Gorgée de vitamines A et B6, elle s'adapte à toutes les recettes de pommes de terre.

POUR 4 PERSONNES PRÉPARATION : 20 MIN CUISSON : 45 MIN

Banh mi au radis noir
et omelette

VEGAN
SANS LACTOSE

INGRÉDIENTS

1 baguette
½ radis noir
2 œufs
1 carotte
¼ de concombre
quelques branches de coriandre
½ bouquet de ciboulette
3 cuil. à soupe de mayonnaise
1 cuil. à soupe d'huile d'olive
2 cuil. à café de tamari

Pour la marinade au vinaigre :

5 cl de vinaigre de riz
1 cuil. à soupe de sucre de canne
1 cuil. à café de sel marin

1 Préparez la marinade. Dans une casserole, portez à ébullition 5 cl d'eau avec tous les ingrédients, puis laissez tiédir.

2 Pelez et râpez la carotte et le radis noir. Dans un saladier, faites-les macérer avec la marinade au vinaigre pendant au moins 1 heure.

3 Lavez et émincez le concombre. Effeuillez la coriandre. Ciselez la ciboulette.

4 Cassez et battez les œufs avec la ciboulette ciselée et la sauce tamari. Chauffez l'huile dans une grande poêle et faites cuire les œufs jusqu'à ce que l'omelette soit bien dorée.

5 Coupez la baguette en deux et ouvrez-la dans la longueur. Badigeonnez de mayonnaise, garnissez de carotte et radis marinés, recouvrez de rondelles de concombre. Ajoutez l'omelette et parsemez de coriandre. Refermez le sandwich et dégustez !

POUR 2 BANH MI PRÉPARATION : 15 MIN REPOS : 1 H CUISSON : 5 MIN

Sandwich chaud
de betterave, chèvre et graines germées

INGRÉDIENTS

8 tranches de pain aux noix
1 betterave crue moyenne (175 g)
125 g de fromage de chèvre frais
75 g de graines germées (au choix)
2 poignées de roquette
3 cuil. à soupe d'huile d'olive
2 cuil. à soupe de vinaigre balsamique
sel et poivre

1 Pelez et râpez la betterave à la grille fine. Lavez et essorez les feuilles de roquette. Dans un bol, versez l'huile d'olive et le vinaigre balsamique, salez et poivrez à votre convenance, puis mélangez.

2 Nappez 4 tranches de 1 cuillerée à café de vinaigrette et tartinez-les de fromage de chèvre. Recouvrez de feuilles de roquette et de graines germées. Terminez par la betterave râpée et arrosez du reste de vinaigrette. Recouvrez d'une seconde tranche de pain.

3 Faites chauffer l'appareil à croque-monsieur, ou à défaut une poêle. Déposez les sandwichs sur la plaque chaude et laissez griller quelques minutes le temps que le pain soit bien doré.

ASTUCE

Pour un sandwich plus complet, ajoutez les rondelles d'un œuf dur ! Complétez votre déjeuner par des fruits frais ou cuits en compote, ou éventuellement des fruits secs.

POUR 4 PERSONNES PRÉPARATION : 10 MIN CUISSON : 2 MIN

Fajitas aux crudités

1 Préchauffez le four à 120 °C (th. 4).

2 Lavez les feuilles de laitue. Émincez finement le chou rouge. Pelez et râpez les carottes. Pelez et taillez la pomme en fines lamelles. Effeuillez la coriandre.

3 Dans un bol, mélangez tous les ingrédients de la sauce.

4 Enveloppez les tortillas dans une feuille de papier d'aluminium et chauffez-les 10 minutes au four.

5 Nappez le centre de chaque tortilla chaude de fromage blanc, disposez des feuilles de laitue, puis garnissez de chou émincé, de carottes râpées et de bâtonnets de pomme. Arrosez de sauce aigre-douce et parsemez de feuilles de coriandre. Pliez les tortillas et dégustez !

INGRÉDIENTS

4 tortillas de blé

les feuilles de 1 cœur de laitue

100 g de chou rouge

2 carottes

1 pomme acidulée

150 g de fromage blanc

coriandre

Pour la sauce aigre-douce :

2 cuil. à soupe d'huile d'olive

1 cuil. à soupe de mélasse de grenade

1 cuil. à soupe de vinaigre balsamique

POUR 4 FAJITAS **PRÉPARATION : 15 MIN** **CUISSON : 10 MIN**

Wraps aux crudités
et falafels

VEGAN
SANS LACTOSE

INGRÉDIENTS

Pour les wraps :

200 g de farine de blé T80

2 cuil. à soupe d'huile d'olive

1 pincée de sel

Pour les crudités :

150 g de chou blanc

120 g de carotte

30 g de mâche

Pour les falafels :

230 g de pois chiches déjà cuits (ou en boîte)

2 gousses d'ail

1 petit bouquet de coriandre ou de persil lavé

1 cuil. à soupe de farine de blé T80

1 cuil. à café de cumin moulu

2 cuil. à soupe d'huile d'olive

Pour la sauce :

100 g de yaourt de soja

1 cuil. à soupe de purée de cacahuètes

1 cuil. à soupe de sauce soja ou de tamari

1 Préparez les wraps : mélangez les ingrédients dans un saladier avec 10 cl d'eau tiède et formez une boule à la main. Laissez reposer une dizaine de minutes. Divisez la pâte en 6 pâtons et déposez-les entre deux feuilles de papier sulfurisé. Étalez-les au rouleau jusqu'à obtenir un disque fin de 18 cm de diamètre environ. Faites cuire les wraps 1 à 2 minutes à feu moyen, dans une poêle antiadhésive, sans matière grasse.

2 Préparez les crudités : lavez la mâche, la carotte et le chou blanc. Râpez la carotte et hachez le chou finement. Répartissez les crudités sur les wraps.

3 Préparez les falafels : mixez au robot les pois chiches, l'ail préalablement pelé et haché, la coriandre ou le persil, la farine et le cumin de façon à obtenir une préparation homogène. Formez des boulettes avec vos mains et faites-les cuire dans l'huile d'olive, à feu moyen, 3 minutes environ de chaque côté. Déposez-les sur une feuille de papier absorbant avant de les répartir sur les crudités.

4 Préparez la sauce : mélangez tous les ingrédients dans un bol, à la fourchette. Arrosez les wraps de sauce avant de les fermer et de les savourer.

POUR 3 PERSONNES PRÉPARATION : 20 MIN REPOS : 10 MIN CUISSON : 8 À 10 MIN

Pitas aux boulettes
et green salade

1 Préparez la salade. Retirez les premières côtes des fenouils, lavez les bulbes et émincez-les finement. Lavez, essorez et coupez grossièrement les plus grosses feuilles de salade. Rincez soigneusement les feuilles de mâche. Retirez les premières feuilles de l'endive et émincez le reste. Coupez les avocats en deux et coupez la chair en morceaux. Épluchez et coupez en fines lamelles la pomme.

2 Préparez la vinaigrette en mélangeant huile et vinaigre de cidre, sel et poivre. Au moment de servir, mélangez les crudités dans un grand saladier avec la vinaigrette.

3 Préparez la sauce au yaourt. Rincez et essuyez le citron. À l'aide d'une râpe à micro-lames, prélevez le zeste, puis pressez le citron pour recueillir le jus. Dans un bol, mélangez tous les ingrédients.

4 Préparez les boulettes. Portez une casserole d'eau à ébullition et faites cuire les petits pois 10 minutes. Rincez et effeuillez les fines herbes. Épluchez et dégermez les gousses d'ail. À l'aide d'un robot, mixez en même temps les pois chiches et les petits pois, les herbes et l'ail, l'huile et la farine, du sel et du poivre. Au besoin, ajoutez un peu d'eau. Entre vos mains légèrement humides, formez 20 boulettes, puis aplatissez-les légèrement. Dans une grande poêle, faites chauffer l'huile d'olive et mettez à cuire les boulettes à feu moyen, 2 à 3 minutes sur chaque face.

5 Ouvrez les pains pita, garnissez-les de green salade et de boulettes avant de les napper de sauce au yaourt.

INGRÉDIENTS

4 pains pita

250 g de petits pois écossés

250 g de pois chiches déjà cuits

40 g de fines herbes

2 gousses d'ail

3 cuil. à soupe de farine de pois chiches (ou de farine de blé)

4 cuil. à soupe d'huile d'olive + un peu pour la cuisson

sel marin et poivre

Pour la green salade :

2 fenouils

1 petite laitue

2 poignées de mâche

1 endive

2 avocats mûrs et fermes

1 pomme verte et acidulée

3 cuil. à soupe d'huile d'olive

1 cuil. à soupe de vinaigre de cidre

sel marin et poivre

Pour la sauce au yaourt :

125 g de yaourt grec

1 citron jaune

1 cuil. à soupe de purée de sésame

1 cuil. à soupe d'huile de sésame

POUR 4 PERSONNES PRÉPARATION : 40 MIN CUISSON : 15 MIN

Œufs gratinés au four

INGRÉDIENTS

4 œufs

2 tranches de pain complet ou aux céréales

6 noix de Grenoble

2 cuil. à soupe de lait

2 cuil. à soupe de crème liquide (ou crème végétale)

2 cuil. à soupe de fines herbes

2 cuil. à soupe d'huile d'olive

sel et poivre

1 Lavez et ciselez les fines herbes. Découquillez les noix.

2 Graissez deux petits plats à gratin avec 1 cuillerée à café d'huile d'olive. Déposez les tranches de pain et imbibez-les de lait. Creusez dans la mie de chaque tranche deux petits trous sur lesquels vous cassez les œufs. Nappez de 1 cuillerée à soupe de crème, salez et poivrez à votre convenance, saupoudrez de fines herbes et parsemez de cerneaux de noix.

3 Préchauffez le four à 180 °C (th. 6). Enfournez pour 10 à 12 minutes, le temps que le blanc soit pris.

4 Apportez directement du four à la table. Attention, ne touchez pas les plats, ils sont brûlants ! Servez avec une salade de mâche.

ASTUCE

Lavez et essorez 3 ou 4 poignées de feuilles de mâche. Coupez en fines lamelles 6 champignons de Paris et 6 radis. Dans un saladier, déposez la mâche, ajoutez les champignons et les radis émincés, arrosez d'un filet d'huile de noix et d'un trait de vinaigre de vin, assaisonnez avec de la fleur de sel et quelques tours de moulin à poivre.

POUR 2 PERSONNES **PRÉPARATION : 5 MIN** **CUISSON : 10 À 12 MIN**

Porridge salé

INGRÉDIENTS

200 g de flocons d'avoine

15 cl de bouillon de légumes (voir recette p. 106)

1 ciboule

2 œufs extra-frais

1 filet d'huile

1 piment rouge (facultatif)

½ cuil. à café de sel

¼ de cuil. à café de poivre

1 Émincez la ciboule et le piment.

2 Dans une casserole, faites chauffer le bouillon de légumes et 15 cl d'eau sur feu moyen.

3 Versez en pluie les flocons d'avoine et faites cuire en remuant, pendant 5 minutes environ, jusqu'à ce que le mélange devienne crémeux.

4 Chauffez une poêle avec l'huile sur feu vif et faites cuire les œufs au plat.

5 Répartissez le porridge dans 2 bols et déposez dessus 1 œuf. Assaisonnez et parsemez de ciboule et de piment. Servez immédiatement.

POUR 2 PERSONNES PRÉPARATION : 15 MIN CUISSON : 20 MIN

Frittata d'été
et carpaccio de crudités

SANS GLUTEN

1 Préparez le carpaccio. Lavez les tomates et émincez-les finement. Pelez les concombres et coupez-les en rondelles. Nettoyez les radis et détaillez-les en fines rondelles. Rincez et effeuillez le basilic. Dans un plat de service, disposez les crudités les unes sur les autres en formant un dôme. Saupoudrez de basilic, arrosez d'un filet d'huile d'olive et d'un trait de vinaigre. Saupoudrez de fleur de sel et de poivre du moulin.

2 Lavez et coupez la courgette en rondelles pas trop épaisses. Rincez la roquette. Lavez les oignons et émincez-les avec 10 cm de vert. Épluchez et émincez les gousses d'ail.

3 Préchauffez le four à 180 °C (th. 6).

4 Dans une poêle passant au four, faites chauffer 1 cuillerée d'huile d'olive. Faites-y revenir la courgette quelques minutes : elle doit rester croquante. Réservez.

5 Dans un saladier, fouettez les œufs avec le lait en omelette. Salez et poivrez. Ajoutez les rondelles de courgette, les feuilles de roquette, l'ail, les oignons et le fromage de chèvre émietté. Remuez. Dans la poêle, faites chauffer 1 cuillerée à soupe d'huile. Versez les œufs et faites cuire 5 minutes. Puis enfournez pour 15 minutes. Retirez du four et saupoudrez de persil et menthe ciselés.

6 Servez la frittata dans la poêle de cuisson en coupant des parts à la manière d'un gâteau et accompagnez-la du carpaccio de crudités.

INGRÉDIENTS

- 8 œufs
- 10 cl de lait
- 1 petite courgette
- 1 botte de roquette
- 4 gousses d'ail nouveau
- 4 oignons nouveaux
- 1 fromage de chèvre frais fermier
- persil et menthe ciselés pour le décor
- 2 cuil. à soupe d'huile d'olive
- sel marin et poivre

Pour le carpaccio :

- 1 kg de tomates anciennes
- 2 concombres
- 1 botte de radis
- quelques branches de basilic à petites feuilles
- huile d'olive
- vinaigre de vin
- fleur de sel et poivre

POUR 4 PERSONNES PRÉPARATION : 20 MIN CUISSON : 25 MIN

Polenta crémeuse aux champignons de Paris

INGRÉDIENTS

250 g de polenta fine

1 kg de champignons de Paris frais

75 cl de lait

4 cuil. à soupe de mascarpone

2 gousses d'ail

10 brins de persil

2 cuil. à soupe d'huile d'olive

1 cuil. à café de sel

1 Parez les champignons en ôtant la partie terreuse et en coupant la base du pied, puis émincez-les. Épluchez et dégermez les gousses d'ail. Effeuillez les brins de persil. Hachez ensemble ail et persil.

2 Dans une casserole, portez le lait et 75 cl d'eau à ébullition. Ajoutez le sel et versez la polenta en pluie. Mélangez énergiquement à l'aide d'un fouet. Poursuivez la cuisson à feu très doux en remuant fréquemment, le temps indiqué sur le paquet de polenta. À la fin de la cuisson, ajoutez le mascarpone.

3 Pendant ce temps, dans une poêle, faites revenir à feu vif les champignons en les secouant régulièrement jusqu'à ce qu'ils rendent de l'eau. Égouttez. Remettez les champignons sur feu vif avec l'huile d'olive et la persillade.

4 Servez la polenta fumante dans des assiettes et garnissez-la de champignons de Paris poêlés.

À SAVOIR

La polenta est une semoule de maïs. En fonction de la taille des éclats de grains, on parle de polenta fine, moyenne ou grosse. Plus la mouture est épaisse, plus elle mettra de temps à cuire, de quelques minutes à 1 bonne heure.

POUR 4 PERSONNES PRÉPARATION : 20 MIN CUISSON : 15 MIN (HORS CUISSON DE LA POLENTA)

Cassolettes de potimarron
à la polenta

SANS GLUTEN

1 Pelez, égrenez et râpez le potimarron à la grosse grille. Faites cuire à la vapeur le potimarron râpé pendant 5 minutes. Dans une casserole, portez 50 cl d'eau à ébullition avec 1 cuillerée à café de sel. Versez en pluie la polenta, baissez le feu au minimum et faites cuire comme indiqué sur le paquet.

2 Pendant ce temps, préparez la sauce blanche. Dans une casserole, délayez la fécule de maïs avec le lait. Portez le mélange à ébullition en remuant constamment. Assaisonnez avec les épices et quelques tours de moulin à poivre.

3 Préchauffez le four à 180 °C (th. 6)

4 Mélangez le potimarron cuit, la polenta et la sauce blanche, et versez dans de petits moules à gratin beurrés. Saupoudrez de comté râpé.

5 Enfournez les gratins pour 20 minutes. Servez les cassolettes dès la sortie du four.

INGRÉDIENTS

600 g de chair de potimarron
150 g de polenta fine précuite
50 cl de lait
50 g de comté
30 g de fécule de maïs
beurre pour les moules
1 cuil. à café de cannelle moulue
½ cuil. à café de muscade moulue
sel et poivre

VARIANTE

Vous pouvez remplacer le potimarron par la même quantité de courge musquée ou de carottes.
Pour une version 100 % végétale, remplacez le lait par un lait végétal et ne saupoudrez pas les cassolettes de fromage râpé.

POUR 6 PERSONNES PRÉPARATION : 20 MIN CUISSON : 30 MIN (HORS CUISSON DE LA POLENTA)

Tofu laqué, écrasée
de pommes de terre à la ciboulette

VEGAN
SANS GLUTEN
SANS LACTOSE

INGRÉDIENTS

500 g de tofu ferme nature
1 kg de pommes de terre (à chair farineuse)
1 bouquet de ciboulette
4 gousses d'ail
4 cuil. à soupe de sauce soja
3 cuil. à soupe de crème de soja
3 cuil. à soupe d'huile d'olive
2 cuil. à soupe d'huile de sésame
10 cl de vinaigre balsamique
2 cuil. à soupe de miel liquide
sel et poivre

1 Pelez, dégermez et hachez finement les gousses d'ail. Rincez le tofu à l'eau claire, coupez-le en 8 tranches de 1 cm d'épaisseur. Déposez les tranches dans un plat. Pelez, lavez et coupez en quatre les pommes de terre. Rincez et ciselez la ciboulette.

2 Dans un bol, préparez la marinade en mélangeant l'ail haché avec la sauce soja, 2 cuillerées à soupe d'huile d'olive, le vinaigre balsamique et le miel. Arrosez les tranches de tofu de la marinade et laissez reposer de 30 minutes à 1 heure en retournant régulièrement le tofu.

3 Pendant ce temps, portez une grande casserole d'eau à ébullition et plongez-y les pommes de terre pour 20 minutes : la pomme de terre est cuite quand la lame d'un couteau s'enfonce facilement dans sa chair. Égouttez et écrasez les pommes de terre avec un presse-purée (ou à la fourchette), ajoutez l'huile de sésame, la crème de soja et la ciboulette. Salez et poivrez à votre convenance.

4 Retirez les tranches de tofu et versez la marinade dans une petite casserole. Faites réduire la marinade pendant 10 minutes environ : elle va épaissir. Pendant ce temps, dans une grande poêle, chauffez 1 cuillerée à soupe d'huile et faites revenir les tranches de tofu pendant 3 minutes de chaque côté en les arrosant d'un peu de sauce.

5 Servez le tofu laqué nappé du reste de sauce et accompagné de l'écrasée de pommes de terre à la ciboulette. Les plus joueurs feront un puits dans la purée pour y verser un peu de sauce.

ASTUCE

Pour une touche de croquant, saupoudrez une belle poignée de cacahuètes grossièrement hachées sur les tranches de tofu après les avoir nappées de sauce.

POUR 4 PERSONNES PRÉPARATION : 15 MIN CUISSON : 33 MIN REPOS : 30 MIN À 1 H

VEGAN
SANS GLUTEN
SANS LACTOSE

Tofu sauté
et chutney d'oignon

INGRÉDIENTS

400 g de tofu ferme

2 oignons jaunes pelés et hachés très finement

2 cuil. à soupe d'huile d'olive

1 cuil. à soupe de sirop d'agave

1 cuil. à soupe de vinaigre de riz

2 cuil. à soupe de sauce soja

5 tiges de coriandre

sel et poivre

1 Découpez le tofu en dés. Disposez-le dans un plat, ajoutez la sauce soja et réservez.

2 Faites chauffer 1 cuillerée à soupe d'huile dans une sauteuse, ajoutez les oignons, laissez-les cuire 10 minutes à feu doux, en remuant, sans trop les laisser colorer.

3 Versez le vinaigre de riz et le sirop d'agave, salez, poivrez. Laissez cuire encore 5 minutes à feu doux.

4 Faites chauffer 1 cuillerée à soupe d'huile d'olive dans une poêle antiadhésive. Ajoutez le tofu égoutté, faites-le sauter 5 minutes à feu vif, en remuant délicatement. Salez et poivrez.

5 Servez le tofu accompagné du chutney d'oignon et de la coriandre.

POUR 4 PERSONNES PRÉPARATION : 15 MIN CUISSON : 20 MIN

Chakchouka

SANS GLUTEN

1 Lavez et coupez le poivron en petits cubes. Épluchez et émincez finement l'oignon et les gousses d'ail.

2 Faites chauffer l'huile d'olive dans une grande poêle à fond épais sur feu moyen. Faites revenir l'oignon, l'ail et le poivron pendant 10 minutes. Ajoutez les tomates concassées, le cumin moulu, le paprika et le sel. Laissez mijoter à couvert pendant 30 minutes.

3 À l'aide d'une grande cuillère, formez 4 nids dans la préparation. Cassez les œufs et versez-les dans chaque nid. Remettez le couvercle et laissez cuire 5 minutes.

4 Émiettez la feta. Répartissez-la sur la chakchouka avec le persil haché. Servez immédiatement avec du pain au levain.

INGRÉDIENTS

1 poivron rouge

1 boîte de tomates concassées (400 g)

4 gros œufs

50 g de feta

1 oignon jaune moyen

3 gousses d'ail

3 cuil. à soupe d'huile d'olive

2 cuil. à soupe de persil haché

1 cuil. à café de cumin moulu

1 cuil. à café de paprika

1 cuil. à café de sel

POUR 4 PERSONNES **PRÉPARATION : 20 MIN** **CUISSON : 45 MIN**

Tajine express

VEGAN
SANS GLUTEN
SANS LACTOSE

INGRÉDIENTS

120 g (poids égoutté) de pois chiches en boîte

1 pomme de terre moyenne

1 gros navet

2 petites carottes

1 échalote

1 gousse d'ail

5 cl de vin blanc sec

1 cuil. à soupe d'huile d'olive

1 cuil. à soupe de raisins secs

1 cuil. à soupe de graines de sésame

1 cuil. à soupe d'amandes effilées

1 petite cuil. à café de quatre-épices

1 pincée de sel

1 pincée de poivre

1 Pelez l'échalote et l'ail, puis hachez-les finement. Mettez-les dans une sauteuse avec l'huile d'olive. Faites-les revenir 3 minutes, à feu moyen.

2 Rincez et pelez la pomme de terre, le navet et les carottes et versez-les dans la sauteuse. Ajoutez le vin blanc et poursuivez la cuisson 2 minutes. Incorporez les épices, recouvrez 15 cl d'eau, couvrez et faites cuire 25 minutes. Remuez régulièrement et rajoutez un peu d'eau si nécessaire.

3 Égouttez les pois chiches, rincez-les, puis égouttez-les à nouveau avant de les mettre dans la sauteuse avec les raisins secs, les graines de sésame et les amandes. Assaisonnez. Poursuivez la cuisson 2 minutes avant de verser dans le plat de service.

POUR 2 PERSONNES **PRÉPARATION : 10 MIN** **CUISSON : 30 MIN**

Tajine
aux haricots verts

VEGAN
SANS LACTOSE

1 Équeutez et coupez en deux ou trois tronçons les haricots verts. Pelez et coupez en gros morceaux les pommes de terre. Pelez, épépinez et coupez les tomates en huit. Épluchez et émincez les oignons. Épluchez les gousses d'ail. Effeuillez et hachez le persil et la menthe.

2 Dans une cocotte en fonte, chauffez 2 cuillerées à soupe d'huile d'olive et faites revenir l'ail et les oignons. Ajoutez les herbes hachées, le ras el-hanout et la cannelle et faites cuire 1 minute en remuant. Ajoutez les haricots verts, les tomates et les pommes de terre et remuez. Versez 50 cl d'eau et portez à ébullition.

3 Couvrez et poursuivez la cuisson à couvert et à feu doux pendant 40 minutes environ. Vérifiez régulièrement : il doit rester suffisamment de liquide pour que les légumes n'attachent pas. Au besoin, rajoutez un peu d'eau. Le tajine est prêt lorsque les haricots verts et les pommes de terre sont tendres.

4 Pendant ce temps, préparez la semoule. Dans un faitout, portez à ébullition 70 cl d'eau additionnée de 1 cuillerée à café de sel et du restant d'huile d'olive. Versez la semoule en pluie, mélangez bien et couvrez hors du feu. Laissez gonfler 5 minutes. Égrenez la semoule à la fourchette. Délayez la purée d'amandes dans une louche de jus du tajine et répartissez-la dans le plat. Remuez et servez ce tajine avec la semoule d'épeautre.

INGRÉDIENTS

750 g de haricots verts

500 g de semoule d'épeautre (ou de blé)

500 g de tomates

4 pommes de terre

2 oignons

3 gousses d'ail

4 branches de persil plat

3 branches de menthe

3 cuil. à soupe d'huile d'olive

2 cuil. à soupe de purée d'amandes

1 cuil. à soupe de ras el-hanout

1 cuil. à café de cannelle en poudre

sel marin

POUR 6 PERSONNES **PRÉPARATION : 20 MIN** **CUISSON : 45 MIN**

Couscous de légumes
à la semoule d'épeautre

VEGAN
SANS LACTOSE

INGRÉDIENTS

750 g de semoule d'épeautre
400 g pois chiches déjà cuits (ou en boîte)
8 carottes
8 petits navets
8 petits oignons
4 courgettes
4 branches de céleri
4 fenouils
4 gousses d'ail
75 g de beurre
6 cuil. à soupe d'huile d'olive
4 cuil. à café de ras el-hanout
2 cuil. à café de graines de fenouil
4 bâtons de cannelle
1 cuil. à soupe de gros sel
sel et poivre

1 Lavez les courgettes, le céleri et les fenouils. Pelez les carottes, les navets et les oignons. Taillez les carottes, les courgettes et les branches de céleri en tronçons de 5 cm. Coupez les fenouils en deux. Pelez, dégermez et écrasez du plat d'un couteau les gousses d'ail.

2 Dans une grande cocotte, versez 2 cuillerées à soupe d'huile d'olive et faites revenir les oignons, les navets et les fenouils pendant 5 minutes. Retirez-les à l'aide d'une écumoire et réservez. Renouvelez l'opération avec les tronçons de carotte, de courgette et de céleri.

3 Remettez les légumes réservés dans la cocotte, ajoutez le ras el-hanout, les graines de fenouil et les gousses d'ail écrasées. Remuez en laissant cuire 1 minute. Ajoutez le gros sel et les bâtons de cannelle et recouvrez de 2 l d'eau. Portez à ébullition, puis poursuivez la cuisson à couvert pendant 45 minutes. Ajoutez les pois chiches 15 minutes avant la fin de la cuisson : les légumes doivent être fondants. Goûtez et rectifiez l'assaisonnement si nécessaire.

4 Pendant ce temps, préparez la semoule d'épeautre. Dans un faitout, portez à ébullition 75 cl d'eau additionnée de 1 ½ cuillerée à café de sel et de 2 cuillerées à soupe d'huile d'olive. Ajoutez la semoule et remuez. Laissez gonfler 5 minutes à couvert. Égrenez la semoule à la fourchette avec le beurre coupé en petits morceaux.

5 Versez la semoule dans un plat chaud. Apportez directement la cocotte du feu à la table. Dans chaque assiette, servez la semoule et recouvrez de légumes fondants et de bouillon parfumé.

ASTUCE

S'il vous reste quelques légumes et du bouillon, mixez-les ensemble, au robot, en ajoutant un peu d'eau si nécessaire. Goûtez, assaisonnez et régalez-vous de ce nouveau plat ! Il peut être accompagné d'un œuf poché.

POUR 8 PERSONNES **PRÉPARATION : 25 MIN** **CUISSON : 1 H**

Chili sin carne express

VEGAN
SANS GLUTEN
SANS LACTOSE

INGRÉDIENTS

240 g de haricots rouges et/ou blancs déjà cuits (ou en boîte)

250 g de carottes (soit 3 carottes environ)

240 g de tomates concassées

140 g de maïs en boîte

100 g de sauce tomate

1 oignon jaune

2 cuil. à soupe d'huile d'olive

2 cuil. à café de cacao en poudre non sucré

1 cuil. à café de piment d'Espelette

1 cuil. à café de paprika

1 cuil. à café de sel

½ cuil. à café de poivre

Pour servir (facultatif), au choix :

200 à 240 g de riz (50 à 60 g, poids cru, par personne)

tacos, salade verte et purée d'avocat pour servir

1 Pelez l'oignon et faites-le revenir 2 minutes dans une sauteuse, à feu doux/moyen et à couvert, avec l'huile d'olive.

2 Lavez les carottes et détaillez-les en petits dés. Ajoutez-les à l'oignon et poursuivez la cuisson 15 minutes.

3 Versez les haricots, le maïs préalablement rincé et égoutté, les tomates concassées, la sauce tomate, le piment, le paprika, le cacao en poudre, le sel et le poivre. Poursuivez la cuisson 10 minutes à découvert avant de déguster.

4 Accompagnez ce chili de riz ou garnissez-en des tacos et servez avec de la salade verte et un peu de purée d'avocat.

À SAVOIR

Contrairement aux croyances européennes, le chili est un plat qui provient non pas du Mexique, mais du… Texas ! Les Texans prennent d'ailleurs ce plat emblématique très au sérieux puisqu'il s'organise chaque année des compétitions afin d'élire le meilleur chili. De quoi redonner aux légumineuses toute la place qu'elles méritent !

POUR 4 PERSONNES PRÉPARATION : 10 MIN CUISSON : 27 MIN

Blanquette
de carottes grelots

SANS GLUTEN

1 Grattez et lavez les carottes. Pelez les oignons nouveaux, retirez les racines et la partie vert foncé de la tige, puis coupez-les en deux verticalement. Rincez et ciselez le cerfeuil.

2 Faites fondre le beurre dans une large sauteuse. Posez les oignons bien à plat et faites-les suer 5 minutes à feu très doux en les retournant une ou deux fois. Ajoutez les carottes, versez un petit verre d'eau, salez et poivrez. Couvrez et faites cuire 10 minutes à feu doux. Retirez le couvercle, ajoutez la crème et poursuivez la cuisson pendant 5 à 10 minutes, jusqu'à ce que les carottes soient juste tendres.

3 Retirez les carottes avec une écumoire et mettez-les dans un plat chaud. Laissez la sauce sur le feu et faites-la épaissir quelques minutes à petite ébullition pour obtenir une consistance onctueuse. Rectifiez l'assaisonnement et versez sur les carottes. Parsemez le cerfeuil avant de servir.

INGRÉDIENTS

800 g de carottes grelots
6 oignons nouveaux
2 brins de cerfeuil
15 cl de crème liquide entière
30 g de beurre
sel et poivre

ASTUCE

Récoltées de mars à mai, les carottes grelots sont des légumes de printemps. Leur forme est particulièrement attrayante, mais vous pouvez les remplacer par des carottes nouvelles classiques.

POUR 4 PERSONNES PRÉPARATION : 10 MIN CUISSON : 25 À 30 MIN

Curry express
aux légumes et au lait de coco

VEGAN
SANS GLUTEN
SANS LACTOSE

INGRÉDIENTS

250 g d'épinards

150 g de pois gourmands

1 poivron rouge

1 cuil. à soupe de curry en poudre

200 g de lait de coco

1 banane plantain

1 oignon jaune

100 g de cacahuètes non salées

1 cuil. à soupe d'huile d'olive

Pour servir :

150 g de riz

un peu de persil ou de la coriandre

1 Pelez l'oignon et hachez-le. Faites-le revenir 2 minutes dans une sauteuse, avec l'huile d'olive, à feu moyen.

2 Lavez le poivron, les épinards et les pois gourmands. Détaillez le poivron en lamelles. Versez les légumes dans la sauteuse, ainsi que le curry et poursuivez la cuisson 3 minutes.

3 Ajoutez les cacahuètes, le lait de coco et la banane plantain coupée en lamelles, et continuez la cuisson pendant 5 minutes à découvert avant de servir avec du riz (comptez 50 g par personne) et du persil ou de la coriandre.

À SAVOIR

Le curry est un mélange d'épices qui symbolise la cuisine indienne. En Inde, on ne parle pas de curry, mais de « masala », qui signifie « mélange », et chaque famille possède sa recette, souvent composée de cumin, coriandre, moutarde, curcuma, piment… Le curry est idéal pour ajouter des saveurs intenses aux plats du quotidien, mais aussi pour faciliter la digestion. Les épices qui le composent contribuent à la sécrétion des sucs gastriques et boostent le système immunitaire.

POUR 3 PERSONNES PRÉPARATION : 10 MIN CUISSON : 10 MIN

Curry d'aubergine
et riz basmati

VEGAN
SANS GLUTEN
SANS LACTOSE

1 Préchauffez le four à 200 °C (th. 6-7). Rincez et coupez les aubergines en morceaux. Déposez les morceaux sur la lèchefrite du four. Arrosez d'un filet d'huile d'olive, salez, poivrez et enfournez pour 40 minutes.

2 Épluchez et émincez les oignons. Épluchez, dégermez et écrasez les gousses d'ail du plat d'un couteau. Rincez et hachez au couteau la coriandre. Concassez grossièrement les cacahuètes. Coupez les citrons verts en quartiers.

3 Dans une cocotte, faites revenir dans 2 cuillerées à soupe d'huile d'olive les oignons et l'ail pendant 3 minutes sans les colorer. Ajoutez la pâte de curry et poursuivez la cuisson 1 minute en mélangeant. Versez 50 cl d'eau et le cube de bouillon, faites cuire à petits bouillons 15 minutes. Ajoutez le lait de coco et remuez. Enfin, ajoutez les morceaux d'aubergine rôtie, mélangez délicatement et faites cuire à frémissements 15 minutes. Goûtez et rectifiez l'assaisonnement.

4 Pendant ce temps, faites cuire le riz dans deux fois son volume d'eau salée jusqu'à absorption du liquide de cuisson.

5 Servez le curry d'aubergine dans le plat de cuisson. Accompagnez-le de riz basmati, de quartiers de citron vert, de coriandre hachée et de cacahuètes concassées.

INGRÉDIENTS

- 3 aubergines
- 2 oignons
- 3 gousses d'ail
- 1 ½ cuil. à soupe de pâte de curry
- 1 cube de bouillon de légumes
- 40 cl de lait de coco
- 450 g de riz basmati (blanc, demi-complet ou complet)
- ½ bouquet de coriandre
- 50 g de cacahuètes (ou de noix de cajou)
- 2 citrons verts
- 2 cuil. à soupe d'huile d'olive + 1 filet pour les aubergines
- sel marin et poivre

POUR 6 PERSONNES **PRÉPARATION : 20 MIN** **CUISSON : 55 MIN**

Curry de fleurettes
de brocoli et chou-fleur, riz basmati

VEGAN
SANS GLUTEN
SANS LACTOSE

INGRÉDIENTS

2 têtes de brocolis
1 petit chou-fleur
1 cuil. à soupe de pâte de curry
2 oignons
2 gousses d'ail
40 cl de lait de coco
450 g de riz basmati
1 citron vert (facultatif)
6 brins de coriandre (facultatif)
50 g de noix de cajou (facultatif)
1 cube de bouillon de légumes
2 cuil. à soupe d'huile d'olive

1 Pelez et émincez les oignons. Pelez, dégermez et hachez les gousses d'ail. Détachez les fleurettes du chou-fleur et des brocolis et rincez-les. Coupez le citron vert en six quartiers. Lavez et hachez au couteau la coriandre. Concassez grossièrement les noix de cajou.

2 Dans une cocotte, faites revenir dans l'huile d'olive les oignons et l'ail pendant 3 minutes sans les faire colorer. Ajoutez la pâte de curry et poursuivez la cuisson 1 minute en remuant. Versez 50 cl d'eau, ajoutez le cube de bouillon et faites cuire à frémissements pendant 10 minutes. Versez le lait de coco et poursuivez la cuisson 5 minutes.

3 Pendant ce temps, faites cuire les fleurettes à la vapeur pendant 8 minutes. Réservez. Faites cuire le riz dans deux fois son volume d'eau jusqu'à absorption du liquide de cuisson.

4 Ajoutez les fleurettes de légumes dans le bouillon, mélangez délicatement et laissez cuire encore 5 minutes.

5 Servez le curry de fleurettes dans le plat de cuisson. Accompagnez de riz basmati, de quartiers de citron vert, de coriandre hachée et de noix de cajou concassées. Chacun en parsèmera son assiette.

ASTUCE

Conservez les pieds et les tiges de chou-fleur et de brocoli pour une soupe de légumes : ils remplaceront la pomme de terre pour un potage onctueux.

POUR 6 PERSONNES **PRÉPARATION : 25 MIN** **CUISSON : 30 MIN**

VEGAN
SANS GLUTEN
SANS LACTOSE

Dahl de lentilles Beluga
et petits légumes

INGRÉDIENTS

1 verre de lentilles noires Beluga
600 g de poireaux
300 g de carottes
¼ cuil. à café de coriandre moulue
¼ cuil. à café de curcuma
¼ cuil. à café de cumin moulu
¼ cuil. à café de curry
2 cuil. à soupe d'huile de sésame (ou d'olive)
1 filet d'huile d'olive
1 cuil. à café de jus de citron
gros sel gris

1 Mettez les lentilles dans une casserole contenant 2 verres d'eau additionnée de gros sel. Portez à ébullition, puis continuez la cuisson, à couvert et à feu moyen, jusqu'à ce que les lentilles aient absorbé toute l'eau.

2 Ajoutez les épices 10 minutes avant la fin de cuisson. Hors du feu, ajoutez les 2 cuillerées d'huile et le jus de citron. Mélangez bien.

3 Coupez finement les poireaux et les carottes. Faites-les cuire dans 6 cl d'eau avec l'huile d'olive, pendant une vingtaine de minutes.

4 Servez les lentilles et les légumes séparément ou ensemble.

POUR 4 PERSONNES PRÉPARATION : 15 MIN CUISSON : 45 MIN

Dahl de lentilles corail

VEGAN
SANS GLUTEN
SANS LACTOSE

1 Pelez et coupez en tout petits morceaux le gingembre. Pelez, dégermez et hachez les gousses d'ail. Pelez et émincez les oignons. Rincez les lentilles corail à l'eau.

2 Dans une cocotte, faites chauffer l'huile et ajoutez-y les graines de cumin, le gingembre, les oignons et l'ail. Faites revenir le tout, le temps que les oignons deviennent translucides. Ajoutez alors la poudre de curry et le curcuma et mélangez. Versez 50 cl d'eau, les tomates concassées et les lentilles et portez à ébullition. Laissez mijoter 20 minutes à couvert et à petit feu.

3 Versez le lait de coco, salez et poursuivez la cuisson jusqu'à ce que les lentilles soient bien cuites : elles sont crémeuses et se défont. Goûtez et rectifiez l'assaisonnement.

4 Servez le dahl de lentilles corail dans le plat de cuisson.

INGRÉDIENTS

350 g de lentilles corail

400 g de tomates concassées en boîte

40 cl de lait de coco

2 gousses d'ail

2 petits oignons

1 cm de gingembre frais

2 cuil. à soupe d'huile de coco (ou d'olive)

2 cuil. à café de curry en poudre

1 cuil. à café de graines de cumin

½ cuil. à café de curcuma

sel marin

ASTUCE

Pour un repas plus complet et encore plus savoureux, accompagnez le dahl de lentilles de riz basmati, de feuilles de coriandre ciselées, de quartiers de citron et de yaourt grec.

POUR 6 PERSONNES PRÉPARATION : 15 MIN CUISSON : 45 MIN

Gratin de fleurettes
de brocoli et chou-fleur au gruau d'avoine

INGRÉDIENTS

1 tête de brocoli

1 petit chou-fleur

250 g de gruau d'avoine

100 g de fromage à pâte pressée cuite râpé (comté, beaufort, emmental…)

huile d'olive pour le plat

Pour la sauce blanche :

50 cl de lait (ou de lait végétal)

30 g de fécule de maïs

3 échalotes

1 cuil. à soupe d'huile d'olive

sel marin et poivre

1 La veille au soir, trempez le gruau d'avoine dans de l'eau. Le lendemain, égouttez et rincez le gruau. Versez-le dans une grande casserole d'eau froide non salée et faites-le cuire 30 minutes à partir de l'ébullition. Une fois cuit, égouttez-le.

2 Pendant ce temps, détachez les fleurettes du brocoli et du chou-fleur, rincez-les et cuisez-les à la vapeur de 10 à 15 minutes : elles doivent être bien tendres. Réservez.

3 Préchauffez le four à 180 °C (th. 6).

4 Préparez la sauce blanche. Pelez et ciselez finement les échalotes. Dans une casserole, faites suer à feu moyen les échalotes avec l'huile. Dans un récipient, délayez la fécule dans le lait, puis versez le mélange dans la casserole. Portez doucement à ébullition sans cesser de remuer jusqu'à épaississement de la sauce. Salez et poivrez.

5 Huilez un plat à gratin. Versez le gruau d'avoine, la sauce blanche et les fleurettes de brocoli et chou-fleur. Mélangez. Goûtez et rectifiez l'assaisonnement au besoin. Saupoudrez de fromage râpé et enfournez pour 20 minutes. Servez dès la sortie du four dans le plat de cuisson.

POUR 6 PERSONNES **PRÉPARATION : 25 MIN** **TREMPAGE : 12 H** **CUISSON : 50 MIN**

Gratin de courgette,
pomme de terre et tofu

VEGAN
SANS GLUTEN
SANS LACTOSE

1 Préchauffez le four à 200 °C (th. 6-7).

2 Pelez l'oignon, l'ail et la pomme de terre. Rincez la courgette. Coupez-les en tranches fines. Déposez l'oignon et l'ail dans un plat à gratin, puis la pomme de terre. Ajoutez les herbes de Provence, le sel et l'huile d'olive et mélangez le tout.

3 Émiettez et répartissez le tofu dans le plat. Coupez les tomates séchées en quatre et répartissez-les également.

4 Recouvrez avec les lamelles de courgette, puis arrosez de crème d'amande et saupoudrez de levure.

5 Enfournez pour 45 minutes. Le gratin est prêt quand le dessus est bien doré.

INGRÉDIENTS

1 petite courgette
1 grosse pomme de terre
100 g de tofu ferme
1 oignon jaune
1 gousse d'ail
2 tomates séchées égouttées
5 cl de crème d'amande
2 cuil. à café d'herbes de Provence
2 cuil. à café d'huile d'olive
2 cuil. à café de levure de bière ou maltée
1 pincée de sel

POUR 2 PERSONNES PRÉPARATION : 10 MIN CUISSON : 45 MIN

Gratin de céleri-rave
et crumble de céréales

INGRÉDIENTS

500 g de céleri-rave

500 g de pommes de terre

125 g de farine 5 céréales ou farine de blé T80

75 g de flocons 5 céréales

125 g de beurre

20 cl de crème de soja

100 g de parmesan

50 g de noisettes

½ cuil. à café de sel

8 tours de poivre du moulin

1 Pelez et râpez à la grosse grille le céleri-rave et les pommes de terre. Concassez les noisettes. Coupez le beurre en petits morceaux. Râpez le parmesan.

2 Faites cuire 10 minutes à la vapeur les légumes râpés.

3 Pendant ce temps, préparez le crumble. Dans un récipient, versez la farine, les flocons de céréales, les noisettes concassées et le parmesan râpé. Ajoutez le beurre et malaxez du bout des doigts jusqu'à obtenir une pâte sablonneuse, au besoin ajoutez 1 ou 2 cuillerées à soupe d'eau.

4 Préchauffez le four à 180 °C (th. 6).

5 Dans un saladier, versez les légumes cuits, la crème de soja, salez et poivrez. Mélangez. Versez la préparation dans un moule à gratin, recouvrez de la pâte à crumble et enfournez pour 30 minutes. Servez dès la sortie du four dans le plat de cuisson.

ASTUCE

Frottez le fond du plat avec une gousse d'ail et ajoutez 1 cuillerée à café de romarin à la pâte à crumble. Les vives saveurs de l'ail et du romarin s'associeront fort bien à celles du parmesan et des noisettes.

POUR 6 PERSONNES PRÉPARATION : 25 MIN CUISSON : 40 MIN

Gratin de crozets
à la fondue de poireaux

INGRÉDIENTS

400 g de crozets
4 poireaux
2 échalotes
30 cl de crème entière liquide
150 g de beaufort
40 g de beurre
1 ½ cuil. à soupe de gros sel
sel et poivre

1 Pelez et ciselez les échalotes. Retirez la base et la partie la plus verte des poireaux, coupez-les en deux dans la longueur et lavez-les sous l'eau froide. Émincez-les finement. Râpez le beaufort.

2 Dans une cocotte, laissez fondre le beurre, ajoutez les échalotes et faites-les revenir 2 minutes à feu moyen. Ajoutez les poireaux, salez et poivrez à votre convenance. Poursuivez la cuisson à feu doux et à couvert pendant une vingtaine de minutes, en remuant régulièrement.

3 Pendant ce temps, portez une grande casserole d'eau à ébullition. Ajoutez le gros sel, versez les crozets et laissez cuire 15 minutes (ou moins selon ce qui est indiqué sur le paquet). Égouttez.

4 Préchauffez le four à 200 °C (th. 6-7). Versez les crozets dans un plat à gratin, arrosez-les de crème, ajoutez la fondue de poireaux et remuez délicatement. Répartissez dessus le beaufort râpé. Enfournez pour 20 minutes, afin que le fromage dore. Servez dès la sortie du four dans le plat de cuisson.

À SAVOIR

Les crozets de Savoie sont de petites pâtes sèches, de forme carrée, réalisées à partir de semoule de blé dur, de farine de blé tendre ou de farine de sarrasin, d'œufs, de sel et d'eau. Les crozets se cuisent traditionnellement 15 minutes à l'eau avant de s'accommoder en gratin avec un peu de crème, des oignons, des légumes, en « crozetto » à la manière d'un risotto ou en salade froide.

POUR 6 PERSONNES **PRÉPARATION : 25 MIN** **CUISSON : 40 MIN**

Parmentier de butternut, chou kale et châtaignes

VEGAN
SANS GLUTEN
SANS LACTOSE

1 Pelez la courge, épépinez-la et détaillez-la en gros morceaux. Pelez les pommes de terre. Faites cuire les légumes 20 minutes à l'eau bouillante, puis mixez-les au robot jusqu'à l'obtention d'une purée.

2 Pelez les oignons jaunes, lavez le chou, puis ôtez les tiges du milieu. Hachez finement le tout et placez dans une sauteuse, avec l'huile d'olive et le sel. Couvrez et faites cuire 10 minutes à feu moyen, en mélangeant régulièrement.

3 Émiettez grossièrement les châtaignes, ajoutez-les à la préparation et poursuivez la cuisson 5 minutes.

4 Préchauffez le four à 200 °C (th. 6-7).

5 Versez la poêlée de légumes dans un plat à gratin. Recouvrez-la de purée, puis saupoudrez de levure maltée. Enfournez pour 20 minutes.

INGRÉDIENTS

- 1 courge butternut de 1 kg (soit 800 g épluchée et épépinée)
- 200 g de chou kale
- 100 g de châtaignes en bocal
- 250 g de pommes de terre (soit 2 pommes de terre)
- 2 oignons jaunes
- 4 cuil. à soupe d'huile d'olive
- 1 cuil. à soupe de levure maltée
- 2 cuil. à café de sel

À SAVOIR

Le chou kale est un chou ancien non pommé dont on récolte les feuilles en automne et en hiver. Très riche en vitamines A, C et K et en minéraux, il est une bonne source de calcium et de protéines.

POUR 3 PERSONNES PRÉPARATION : 20 MIN CUISSON : 55 MIN

Tian de légumes

VEGAN
SANS GLUTEN
SANS LACTOSE

INGRÉDIENTS

1 belle aubergine
2 petites courgettes
2 grosses tomates
1 petit poivron
1 petit oignon
1 gousse d'ail
125 g de tofu aux herbes
1 brin de basilic
3 cuil. à soupe de sauce tomate
1 cuil. à soupe de concentré de tomates
1 cuil. à soupe d'huile d'olive + un peu pour le plat
1 cuil. à café d'herbes de Provence

1 Faites revenir pendant quelques minutes l'oignon et l'ail émincés, ainsi que le poivron coupé en petits cubes dans l'huile d'olive. Réservez.

2 Préchauffez le four à 175 °C (th. 6).

3 Huilez un plat à gratin et tapissez-le de sauce tomate et de concentré. Coupez l'aubergine, les courgettes, les tomates et le tofu en fines tranches. Disposez-les verticalement en les alternant. Ajoutez quelques feuilles de basilic.

4 Répartissez par-dessus la préparation au poivron et saupoudrez le tout d'un peu d'herbes de Provence.

5 Enfournez pour 45 minutes. Vérifiez surtout la consistance de l'aubergine : si elle est encore trop ferme, prolongez la cuisson de 5 minutes.

POUR 2 PERSONNES PRÉPARATION : 25 MIN CUISSON : 55 MIN

Ratatouille au four

VEGAN
SANS GLUTEN
SANS LACTOSE

INGRÉDIENTS

3 tomates

2 courgettes

1 aubergine

1 poivron jaune

1 oignon rouge

1 gousse d'ail

1 boîte de coulis de tomates

1 poignée de feuilles de persil plat

2 cuil. à soupe d'huile d'olive
+ un peu pour le plat

1 cuil. à soupe de thym

1 cuil. à soupe de romarin

1 cuil. à café de sel

½ cuil. à café de poivre

1 Préchauffez le four à 180 °C (th. 6). Huilez un grand plat à tarte ou à gâteau. Coupez un cercle de papier sulfurisé du même diamètre que le plat.

2 Épluchez l'oignon et l'ail. Lavez les tomates, les courgettes, l'aubergine, le poivron et tranchez-les, ainsi que l'oignon, finement et régulièrement, à l'aide d'une mandoline ou d'un couteau bien aiguisé. Émincez finement la gousse d'ail.

3 Étalez le coulis de tomates en une couche uniforme dans le fond du plat. Assaisonnez avec ½ cuillerée à café de sel. Ajoutez les légumes en alternant régulièrement tomate, courgette, aubergine, poivron et oignon en cercle. Hachez grossièrement le thym, le romarin et le persil. Laquez les légumes, à l'aide d'un pinceau, avec l'huile d'olive. Salez et poivrez la ratatouille. Saupoudrez d'ail haché, de thym et de romarin.

4 Recouvrez avec le cercle de papier sulfurisé. Enfournez et laissez cuire 45 minutes.

5 Parsemez de persil et servez chaud, tiède ou à température ambiante avec du riz parfumé.

POUR 4 PERSONNES PRÉPARATION : 30 MIN CUISSON : 45 MIN

VEGAN
SANS GLUTEN
SANS LACTOSE

Crumble de courge
et poireau au sésame

INGRÉDIENTS

30 g de farine de riz complet
10 g de poudre d'amandes
150 g de courge musquée
1 petit poireau
40 g de purée de sésame
1 cuil. à soupe de graines de sésame
1 gousse d'ail
1 oignon jaune
1 cuil. à soupe d'huile de sésame grillé
1 pincée de sel
1 pincée de poivre noir

1 Pelez la courge, ôtez les graines et coupez-la en cubes. Rincez le poireau, ôtez ses extrémités et détaillez-le en rondelles. Pelez l'ail et l'oignon et hachez-les finement.

2 Faites revenir les légumes 15 minutes dans une sauteuse à feu moyen et à couvert, avec l'huile de sésame. Salez, poivrez et remuez régulièrement.

3 Préchauffez le four à 180 °C (th. 6).

4 Dans un saladier, mélangez à la cuillère en bois la farine de riz, la poudre d'amandes, la purée de sésame et les graines de sésame.

5 Versez les légumes dans un plat allant au four et émiettez la pâte à crumble sur les légumes. Enfournez pour 20 minutes.

VARIANTE

Troquez la courge et le poireau pour d'autres légumes de saison.

POUR 2 PERSONNES **PRÉPARATION : 10 MIN** **CUISSON : 35 MIN**

Crumble céleri, poire

SANS GLUTEN

INGRÉDIENTS

120 g de farine complète
100 g de beurre
50 g de noisettes hachées
30 g de flocons de quinoa
30 g de pecorino râpé
1 céleri-rave
2 poires moyennes
1 petit oignon
3 gousses d'ail
30 cl de bouillon de légumes (voir recette p. 106)
1 feuille de laurier
3 cuil. à soupe de persil haché
2 cuil. à soupe d'huile d'olive + un peu pour le plat à gratin
1 cuil. à soupe de thym
1 ½ cuil. à café de sel
1 ½ cuil. à café de poivre

1 Épluchez et écrasez les gousses d'ail. Dans un saladier, mélangez du bout des doigts la farine, les noisettes hachées, les flocons de quinoa, le pecorino, 1 gousse d'ail, 2 cuillerées à soupe de persil, le thym, ½ cuillerée à café de sel, ½ cuillerée à café de poivre et le beurre. Travaillez jusqu'à l'obtention d'un mélange sablonneux. Réservez au réfrigérateur.

2 Préchauffez le four à 180 °C (th. 6).

3 Épluchez et émincez finement l'oignon. Épluchez le céleri et les poires, puis coupez-les en gros cubes. Dans une sauteuse, faites revenir dans l'huile d'olive, sur feu moyen, l'oignon, l'ail restant, les cubes de céleri et de poire, la feuille de laurier, le persil restant, le sel et le poivre. Laissez cuire 15 minutes.

4 Versez le bouillon de légumes et continuez la cuisson pendant 15 minutes. Retirez la feuille de laurier et versez les légumes dans un plat à gratin huilé. Répartissez dessus la pâte à crumble. Puis enfournez et laissez cuire 20 minutes.

5 Servez le crumble bien chaud avec une salade d'endives.

POUR 4 PERSONNES **PRÉPARATION : 20 MIN** **CUISSON : 50 MIN**

Petits clafoutis de courgette
au zaatar

1 Préchauffez le four à 180 °C (th. 6). Lavez les courgettes et coupez-les en petits dés. Émiettez la feta.

2 Dans une poêle bien chaude, faites revenir dans l'huile d'olive les dés de courgette jusqu'à ce qu'ils soient tendres, mais encore croquants.

3 Dans un saladier, versez la farine, faites un puits et ajoutez les œufs. Travaillez énergiquement la pâte avec une cuillère en bois. Incorporez progressivement le lait jusqu'à obtenir une pâte lisse et homogène. Ajoutez le zaatar, le sel et le poivre et mélangez bien le tout.

4 Beurrez les moules à tartelette. Garnissez-les de dés de courgette et de feta émiettée et versez dessus l'appareil à clafoutis. Enfournez pour 25 minutes environ : les clafoutis doivent être dorés.

5 Servez les clafoutis tièdes, saupoudrés de graines de sésame et accompagnés d'une green salade (voir recette p. 179) ou d'une salade d'herbe (voir recette p. 152).

INGRÉDIENTS

300 à 350 g de courgettes pas trop grosses

150 g de feta

130 g de farine de blé T65

3 œufs

25 cl de lait (ou de lait végétal)

1 ½ cuil. à café de zaatar

2 cuil. à soupe d'huile d'olive

1 cuil. à soupe de graines de sésame doré (facultatif)

beurre pour les moules

¾ de cuil. à café de sel marin

4 tours de moulin à poivre

POUR 6 PERSONNES **PRÉPARATION : 15 MIN** **CUISSON : 30 MIN**

Quenelles, épinards
sautés et pilaf de thym

INGRÉDIENTS

8 quenelles nature
1 kg de feuilles d'épinards
250 g de riz basmati
1 cuil. à soupe de thym séché
1 oignon
45 g de farine de blé T65
60 cl de lait
60 g de beurre
2 cuil. à soupe de moutarde de Dijon
2 cuil. à soupe d'huile d'olive
1 cube de bouillon de légumes
sel marin et poivre

1 Préchauffez le four à 200 °C (th. 6-7). Pelez et ciselez l'oignon. Détachez les tiges des feuilles des épinards et lavez les feuilles avant de les sécher.

2 Dans une casserole, faites fondre 40 g de beurre. Ajoutez la farine et laissez cuire 1 minute en remuant au fouet. Versez doucement le lait en mélangeant. Poursuivez la cuisson à feu moyen jusqu'à ébullition, en remuant. Ajoutez ½ cuillerée à café de sel et la moutarde, mélangez et coupez le feu. Déposez les quenelles dans un plat à gratin. Nappez de sauce et enfournez pour 30 minutes.

3 Pendant ce temps, préparez le riz. Portez à ébullition 35 cl d'eau avec le cube de bouillon. Dans une cocotte, chauffez l'huile et faites suer l'oignon ciselé pendant 5 minutes. Versez le riz, ajoutez le thym et mélangez pour bien enrober les grains de matière grasse. Versez le bouillon et, à feu moyen, portez à ébullition. Réduisez alors le feu au minimum, couvrez et comptez 15 minutes de cuisson. Égrenez à la fourchette.

4 Préparez les épinards. Dans une poêle, faites chauffer le restant de beurre, ajoutez les feuilles d'épinards et remuez jusqu'à ce qu'elles s'attendrissent. Salez et poivrez.

5 Présentez les quenelles dans leur plat de cuisson dès la sortie du four. Servez 2 quenelles nappées de sauce à la moutarde accompagnées des épinards sautés et du riz pilaf au thym.

POUR 4 PERSONNES **PRÉPARATION : 30 MIN** **CUISSON : 35 MIN**

Pâtes au pesto d'épinards

1 Lavez soigneusement les épinards, séchez-les bien et ôtez les tiges centrales.

2 Placez dans un petit mixeur les épinards, le jus de citron, les graines de tournesol, le parmesan, l'échalote, la moitié de l'huile d'olive et le sel. Mixez. Ajoutez le reste de l'huile, rectifiez l'assaisonnement si nécessaire et mixez de nouveau.

3 Faites cuire les pâtes selon les indications portées sur l'emballage.

4 Servez le pesto d'épinards avec les pâtes et mélangez bien.

INGRÉDIENTS

100 g d'épinards

500 g de pâtes au petit épeautre

2 cuil. à soupe de parmesan râpé

1 petite échalote ou ½ gousse d'ail

1 cuil. à soupe de graines de tournesol

4 cuil. à soupe d'huile d'olive

½ cuil. à café de jus de citron

sel de Guérande

POUR 4 PERSONNES **PRÉPARATION : 10 MIN** **CUISSON :**

Fusilli aux légumes grillés

VEGAN
SANS LACTOSE

INGRÉDIENTS

- 120 g de fusilli
- 1 courgette
- 1 aubergine
- 8 tomates grappe
- 8 olives noires
- 2 branches de thym frais
- 2 gousses d'ail
- 2 cuil. à soupe d'huile d'olive
- 1 cuil. à soupe de vinaigre balsamique
- 1 belle pincée de fleur de sel

1 Préchauffez le four à 180 °C (th. 6).

2 Rincez la courgette, l'aubergine et les tomates, puis détaillez-les en cubes. Déposez les légumes sur une plaque allant au four, recouverte de papier sulfurisé. Ajoutez le thym et l'ail haché finement, arrosez d'huile d'olive et saupoudrez de fleur de sel.

3 Enfournez pour 35 minutes. Arrosez les légumes de vinaigre balsamique et poursuivez la cuisson 10 minutes supplémentaires.

4 Faites cuire les fusilli 10 minutes à l'eau bouillante, puis égouttez. Répartissez-les dans 2 assiettes et déposez les légumes sur les pâtes.

5 Ajoutez les olives et servez aussitôt.

VARIANTE

Vous pouvez ajouter du tofu émietté, des graines ou des épices.

POUR 2 PERSONNES   PRÉPARATION : 5 MIN   CUISSON : 55 MIN

Pad thaï

VEGAN
SANS GLUTEN
SANS LACTOSE

INGRÉDIENTS

80 g de nouilles de riz
50 g de tofu ferme nature
50 g de pousses de soja
2 branches de ciboule (ou d'oignon nouveau)
2 échalotes
1 citron vert
1 œuf
2 cuil. à soupe de cacahuètes
2 cuil. à soupe d'huile d'olive

Pour la sauce :

2 cuil. à soupe de tamari
2 cuil. à soupe de vinaigre balsamique
2 cuil. à soupe de sucre de canne blond

1 Portez une casserole d'eau à ébullition et faites cuire les nouilles de riz comme indiqué sur le paquet.

2 Préparez la sauce en mélangeant tous les ingrédients.

3 Coupez le tofu en cubes. Coupez les branches de ciboule en tronçons de 2 cm. Épluchez et émincez les échalotes. Prélevez le jus de la moitié du citron vert et coupez l'autre moitié en quartiers. Hachez les cacahuètes.

4 Dans un wok, chauffez 1 cuillerée à soupe d'huile et faites-y sauter les cubes de tofu. Réservez. Versez dans le wok le restant d'huile et faites revenir les échalotes. Incorporez la sauce et caramélisez légèrement 2 à 3 minutes. Ajoutez les nouilles de riz et laissez-les cuire avec le jus. Puis, à l'aide d'une spatule, repoussez les pâtes sur le côté du wok et versez l'œuf sur l'espace libéré. Mélangez-le comme pour le brouiller et, avant qu'il ne soit trop cuit, incorporez-le aux pâtes afin qu'il les enrobe. Enfin, ajoutez le jus de citron, le tofu sauté et les cacahuètes. Mélangez et poursuivez la cuisson pendant 30 secondes.

5 Retirez du feu, garnissez le pad thaï de pousses de soja et de ciboule, mélangez et servez bien chaud avec les quartiers de citron.

POUR 1 PERSONNE PRÉPARATION : 15 MIN CUISSON : 10 MIN (HORS CUISSON DES NOUILLES)

Tofu teriyaki
et nouilles soba

VEGAN
SANS GLUTEN
SANS LACTOSE

1 Préparez la sauce teriyaki : dans une petite casserole, faites chauffer la sauce soja, le vin doux, le sucre et la fécule de maïs, sur feu doux jusqu'à ce que la sauce épaississe. Coupez le tofu en 4 tranches. Placez-les dans un plat et versez la sauce teriyaki dessus. Laissez mariner 6 heures au minimum ou toute la nuit au réfrigérateur.

2 Chauffez une grande casserole d'eau salée et faites cuire les nouilles soba selon les indications du paquet. Égouttez et mélangez avec l'huile de tournesol.

3 Pendant ce temps, chauffez une poêle à fond épais sur feu vif avec un filet d'huile et faites rissoler les tranches de tofu égouttées (en conservant la sauce de la marinade) pendant 5 minutes de chaque côté. Versez la sauce teriyaki réservée dessus et laissez mijoter 5 minutes supplémentaires sur feu doux.

4 Servez les nouilles soba à température ambiante avec les tranches de tofu teriyaki parsemées de graines de sésame, de ciboulette et de nori en paillettes.

INGRÉDIENTS

- 500 g de tofu ferme
- 300 g de nouilles soba
- 16 cl de sauce soja
- 16 cl de vin doux
- 2 cuil. à soupe de graines de sésame
- 2 cuil. à soupe de nori en paillettes
- 2 cuil. à soupe d'huile de tournesol + 1 filet
- 1 cuil. à soupe de sucre en poudre
- 1 cuil. à soupe de fécule de maïs
- 2 cuil. à café de ciboulette ciselée
- sel

POUR 4 PERSONNES **PRÉPARATION : 20 MIN** **RÉFRIGÉRATION : 6 H** **CUISSON : 20 MIN (HORS CUISSON DES NOUILLES)**

Nouilles de riz sautées
au brocoli, noix de cajou et lait de coco

VEGAN
SANS GLUTEN
SANS LACTOSE

INGRÉDIENTS

125 g de nouilles de riz
160 g de brocoli
1 poignée de noix de cajou
20 cl de lait de coco
1 gousse d'ail
1 oignon jaune
3 cm de gingembre frais
2 cuil. à soupe d'huile de coco
1 cuil. à café de curry
quelques feuilles de coriandre fraîche

1 Faites cuire les nouilles comme indiqué sur l'emballage. Égouttez et rincez à l'eau froide.

2 Rincez le brocoli et détaillez-le en petits morceaux. Séparez les noix de cajou en deux. Pelez l'ail, l'oignon et le gingembre et hachez-les finement. Versez le tout dans une sauteuse, ajoutez le curry et l'huile de coco et faites revenir à feu moyen et à couvert pendant 4 minutes.

3 Ajoutez les nouilles ainsi que le lait de coco et poursuivez la cuisson 4 minutes supplémentaires. Parsemez de coriandre ciselée et servez aussitôt.

VARIANTE

Vous pouvez remplacer les nouilles de riz par des nouilles de blé ou de sarrasin (soba).

POUR 2 PERSONNES **PRÉPARATION : 5 MIN** **CUISSON : 8 MIN (HORS CUISSON DES NOUILLES)**

One pot pasta
aux nouilles de riz

VEGAN
SANS GLUTEN
SANS LACTOSE

1 Placez les nouilles de riz dans un faitout ou une casserole de 28 cm de diamètre environ. Cassez-les si besoin. Portez à ébullition 50 cl d'eau.

2 Rincez et pelez les carottes, puis découpez-les en petits dés. Rincez le poivron et le fenouil, puis taillez-les en fines lanières. Pelez l'oignon rouge et hachez-le finement. Égouttez le maïs, rincez-le, puis égouttez-le de nouveau.

3 Déposez les légumes, le maïs, les graines de courge, le curry et le sel sur les nouilles de riz. Versez l'eau bouillante et faites cuire à feu moyen et à découvert 6 minutes, en prenant soin de bien immerger les ingrédients dans l'eau.

4 Versez dans un bol et dégustez aussitôt, façon soupe asiatique, ou égouttez avant de servir.

INGRÉDIENTS

50 g de nouilles de riz

2 carottes

½ poivron rouge

½ fenouil

½ oignon rouge

50 g (poids égoutté) de maïs en boîte

1 cuil. à soupe de graines de courge

1 cuil. à café de curry

1 pincée de sel

POUR 2 PERSONNES **PRÉPARATION : 5 MIN** **CUISSON : 10 MIN**

Conchiglioni
aux légumes rôtis, pesto de basilic aux amandes

INGRÉDIENTS

500 g de conchiglioni
1 aubergine
2 courgettes
3 tomates
1 poivron rouge
1 poivron vert
2 oignons
2 bouquets de basilic
30 g d'amandes
30 g de parmesan
1 gousse d'ail
7 cuil. à soupe d'huile d'olive
2 cuil. à soupe de gros sel
sel et poivre

1 Préchauffez le four à 180 °C (th. 6).

2 Lavez et effeuillez le basilic. Pelez et dégermez l'ail. Pelez les oignons. Râpez le parmesan. Lavez et coupez tous les légumes en petits cubes de 1 cm de côté.

3 Déposez les légumes sur une plaque de cuisson à petit rebord ou une lèchefrite. Arrosez de 3 cuillerées à soupe d'huile d'olive et saupoudrez de sel et de poivre. Enfournez pour 45 minutes en remuant de temps en temps.

4 Préparez le pesto : mettez dans le bol d'un mixeur l'ail, les amandes, le parmesan et les feuilles de basilic. Mixez par à-coups tout en versant l'huile en fin filet. Réservez au frais le temps de préparer les pâtes.

5 Portez à ébullition une grande casserole d'eau et ajoutez le gros sel. Versez les pâtes, remuez régulièrement et laissez cuire le temps indiqué sur le paquet. Délayez le pesto avec une petite louche d'eau de cuisson. Égouttez les pâtes et versez-les dans un plat de service.

6 Versez le pesto aux amandes sur les pâtes égouttées et mélangez. Ajoutez les légumes, remuez à nouveau et servez aussitôt ou laissez refroidir pour servir les conchiglioni en salade froide.

À SAVOIR

C'est une variété de pâtes originaires d'Italie, non tubulaires, mais en forme de coquille. Lorsqu'elles sont plus petites, on les appelle « conchiglie ».

POUR 4 PERSONNES PRÉPARATION : 50 MIN CUISSON : 45 MIN (HORS CUISSON DES PÂTES)

Macaronis crémeux
aux patates douces et aux épinards

VEGAN
SANS LACTOSE

INGRÉDIENTS

350 g de macaronis
700 g de patates douces
60 g de pousses d'épinards
20 cl de lait d'amande, de soja ou d'avoine
2 cuil. à soupe d'huile d'olive
1 cuil. à soupe de moutarde forte
1 cuil. à soupe de sauce soja ou de tamari
1 cuil. à soupe de levure maltée

1 Faites cuire les macaronis *al dente*, soit 8 minutes environ (vérifiez les indications sur l'emballage). Égouttez-les.

2 Lavez les patates douces et faites-les cuire 20 minutes à l'eau bouillante. Pelez-les, puis placez-les dans le bol d'un robot. Ajoutez le lait, la moutarde, la sauce soja ou le tamari, 1 cuillerée à soupe d'huile d'olive et la levure maltée, puis mixez le tout, jusqu'à obtenir une crème bien lisse.

3 Mélangez les pâtes, la crème aux patates douces et les pousses d'épinards, préalablement rincées et égouttées.

4 Faites chauffer 1 cuillerée à soupe d'huile d'olive dans une sauteuse, à feu doux, et versez la préparation. Couvrez et faites cuire 3 minutes avant de servir.

VARIANTE

Remplacez la patate douce par de la courge et troquez aussi les pousses d'épinards pour du chou kale, coupé en petits morceaux.

POUR 4 PERSONNES PRÉPARATION : 10 MIN CUISSON : 30 MIN

Spaghettis aux épinards,
tofu et tomates séchées

VEGAN
SANS LACTOSE

1 Rincez et séchez les épinards, détaillez les tomates séchées en petits morceaux et coupez le tofu en cubes. Versez ces ingrédients dans un saladier et ajoutez-y les noisettes préalablement concassées.

2 Faites cuire les spaghettis 8 minutes à l'eau bouillante. Égouttez-les, puis incorporez les pâtes à la préparation précédente.

3 Ajoutez l'huile, le sel et le poivre, mélangez et servez aussitôt.

INGRÉDIENTS

120 g de spaghettis complets
40 g de pousses d'épinards
50 g de tofu aux herbes
6 tomates séchées
1 poignée de noisettes non salées
1 cuil. à soupe d'huile de noisette
1 pincée de sel
1 pincée de poivre noir

VARIANTE

Remplacez les noisettes par des amandes effilées ou des noix de cajou.

POUR 2 PERSONNES **PRÉPARATION : 5 MIN** **CUISSON : 8 MIN**

Tagliatelles aux blettes
et courge butternut

VEGAN
SANS LACTOSE

INGRÉDIENTS

100 g de tagliatelles avec ou sans gluten
80 g de blettes
260 g de courge butternut
1 oignon jaune
6 olives noires
20 cl de crème d'avoine
1 cuil. à soupe d'huile d'olive
1 cuil. à soupe d'amandes effilées
1 cuil. à café de curcuma moulu
1 cuil. à café de levure de bière ou maltée
½ cuil. à café de cannelle moulue
¼ cuil. à café de muscade moulue
1 pincée de sel
1 pincée de poivre noir

1 Pelez l'oignon et émincez-le finement. Rincez et pelez la courge. Détaillez-la en cubes. Faites cuire dans une sauteuse avec l'huile d'olive, à feu moyen et à couvert, pendant 10 minutes.

2 Lavez les blettes et coupez-les en lanières. Versez-les dans la sauteuse avec la crème d'avoine et les épices. Salez et poivrez. Mélangez et poursuivez la cuisson 10 minutes.

3 Faites torréfier les amandes effilées dans une poêle antiadhésive, sans matière grasse, en une couche pas trop épaisse, à feu doux et en remuant régulièrement, pendant 3 minutes environ.

4 Faites cuire les tagliatelles comme indiqué sur l'emballage. Égouttez-les et répartissez-les dans 2 assiettes creuses.

5 Disposez les légumes sur les pâtes, saupoudrez de levure de bière ou maltée et d'amandes torréfiées. Ajoutez les olives et servez aussitôt.

POUR 2 PERSONNES PRÉPARATION : 15 MIN CUISSON : 23 MIN (HORS CUISSON DES PÂTES)

Riz complet aux épices
et aux graines

VEGAN
SANS GLUTEN
SANS LACTOSE

1 Faites cuire le riz dans de l'eau bouillante pendant 40 minutes. Égouttez-le et incorporez-y les épices, la levure, les graines et l'huile. Salez et poivrez. Répartissez la préparation dans 2 bols ou 2 assiettes creuses.

2 Faites dorer à la poêle les pignons de pin, à feu moyen, 1 ou 2 minutes. Rincez les tomates cerises et coupez-les en deux.

3 Déposez les pignons et les tomates sur le riz et dégustez aussitôt.

INGRÉDIENTS

120 g de riz complet

1 cuil. à café de curry

½ cuil. à café de cannelle moulue

2 cuil. à café de levure de bière ou maltée

2 cuil. à café de graines de lin

2 cuil. à café de graines de pavot

2 cuil. à café de graines de sésame

2 cuil. à café d'huile de sésame

200 g de tomates cerises

20 g de pignons de pin

1 pincée de sel

1 pincée de poivre noir

POUR 2 PERSONNES **PRÉPARATION : 10 MIN** **CUISSON : 40 MIN**

Riz indien aux légumes
et aux fruits secs

SANS GLUTEN

INGRÉDIENTS

200 g de riz basmati
1 pomme de terre
2 carottes
2 poignées de haricots verts
¼ de tête brocoli
1 oignon
2 gousses d'ail
120 g de noix de cajou et raisins secs
2 yaourts
20 g de beurre
2 cm de gingembre frais
3 cuil. à café de garam masala
2 gousses de cardamome
1 bâton de cannelle
1 feuille de laurier
2 cuil. à soupe d'huile d'olive
sel

1 Pelez, rincez et coupez la pomme de terre en petits dés. Pelez et coupez les carottes en dés. Lavez, équeutez et coupez en tronçons de 2 cm les haricots verts. Détachez les fleurettes de brocoli et rincez-les. Pelez et ciselez finement l'oignon. Pelez, dégermez et hachez l'ail. Pelez et hachez le gingembre. Rincez le riz à l'eau claire. Dans une poêle chaude, faites torréfier les noix de cajou quelques secondes sans cesser de remuer.

2 Dans une cocotte, versez l'huile d'olive et faites revenir l'oignon jusqu'à coloration. Ajoutez le garam masala, le gingembre et l'ail haché, puis faites dorer 2 minutes. Ajoutez les légumes et 1 yaourt, versez 20 cl d'eau, puis 1 cuillerée à café de sel. Mélangez et laissez mijoter à feu doux et à couvert pendant 20 minutes.

3 Pendant ce temps, dans une casserole, faites chauffer à feu doux le beurre, versez le riz et remuez le temps qu'il s'enrobe de gras. Ajoutez 35 cl d'eau, les gousses de cardamome, le bâton de cannelle et la feuille de laurier, couvrez et laissez cuire 7 minutes. Laissez reposer à couvert 5 minutes.

4 Dans la cocotte de légumes, ajoutez le riz, 1 yaourt et trois quarts des raisins et des noix de cajou torréfiées. Mélangez délicatement.

5 Disposez le riz aux légumes dans un plat chaud de service et décorez des fruits secs réservés. On peut aussi y parsemer de la coriandre, de la menthe ou de la ciboulette ciselées.

VARIANTE

Ce riz s'accorde avec beaucoup d'autres légumes, comme les petits pois ou le chou-fleur : l'essentiel est d'en avoir 600 g environ coupés en petits cubes. On peut également varier les fruits secs : amandes effilées, pistaches, abricots secs coupés en petits morceaux, etc.

POUR 6 PERSONNES PRÉPARATION : 30 MIN CUISSON : 25 MIN

Risotto aux asperges

SANS GLUTEN

INGRÉDIENTS

400 g de riz à risotto (carnaroli, arborio...)

2 bottes d'asperges vertes

1 botte d'oignons nouveaux

2 échalotes

1,5 l de bouillon de légumes (voir recette p. 106)

12,5 cl de vin blanc

60 g de beurre

50 g de parmesan

5 cuil. à soupe d'huile d'olive

sel marin et poivre

1 Retirez la partie dure de la base des asperges et coupez-les en rondelles en gardant environ 5 cm de pointe. Lavez les oignons et émincez-les finement en conservant 10 cm de tige verte. Épluchez et ciselez finement les échalotes. Râpez finement le parmesan.

2 Portez à ébullition une petite casserole d'eau et faites cuire 5 minutes les pointes d'asperge. Dans une poêle chaude, faites revenir les rondelles d'asperge avec 1 cuillerée à soupe d'huile. Réservez. Renouvelez l'opération avec les oignons. Faites chauffer le bouillon.

3 Dans une cocotte, chauffez 3 cuillerées à soupe d'huile d'olive avec l'échalote ciselée et faites suer 5 minutes. Ajoutez le riz et mélangez bien pour enrober les grains de matière grasse. Versez le vin et laissez évaporer en remuant. Versez une louche de bouillon chaud et remuez. Quand le bouillon est absorbé, mouillez avec une autre louche et ainsi de suite. Lorsqu'il restera un quart de bouillon, ajoutez les rondelles et les pointes d'asperge ainsi que l'oignon nouveau et continuez la cuisson en mouillant louche par louche.

4 Lorsque le riz a absorbé tout le bouillon, retirez du feu. Ajoutez le beurre coupé en petits morceaux et le parmesan râpé. Salez et poivrez. Couvrez et laissez reposer 2 minutes avant de servir.

POUR 6 PERSONNES **PRÉPARATION : 30 MIN** **CUISSON : 30 MIN** **REPOS : 2 MIN**

Riz noir aux navets confits,
sirop d'érable et pleurotes

SANS GLUTEN

1 Épluchez les navets et coupez-les en dés de 2 cm. Nettoyez au pinceau les pleurotes et fendez-les de manière à obtenir des morceaux de taille régulière. Pelez et émincez l'oignon. Pelez et ciselez les échalotes. Épluchez, dégermez et hachez les gousses d'ail. Rincez, effeuillez et ciselez le persil. Torréfiez les noisettes quelques secondes dans une poêle chaude sans cesser de remuer, puis concassez-les au couteau.

2 Dans une grande casserole, portez un grand volume d'eau salée à ébullition. Versez le riz et faites cuire 30 minutes à petits bouillons. Égouttez à travers une passoire et couvrez d'un linge.

3 Pendant la cuisson du riz, préparez les navets. Dans une sauteuse, faites fondre 40 g de beurre, ajoutez l'oignon et l'ail et laissez blondir. Ajoutez les dés de navet et mélangez. Versez 10 cl d'eau et le sirop d'érable. Couvrez et laissez cuire 15 minutes à feu doux. Retirez le couvercle et poursuivez la cuisson 15 minutes, à feu moyen en remuant de temps en temps : les légumes sont tendres et le jus s'évapore. Goûtez et rectifiez l'assaisonnement.

4 Dix minutes avant la fin de cuisson des navets, faites cuire les champignons. Dans une poêle, chauffez le restant de beurre et saisissez les pleurotes en les retournant de tous les côtés. Ajoutez les échalotes ciselées, salez et continuez à cuire quelques minutes.

5 Servez le riz noir dans les assiettes, arrosé d'un filet d'huile d'olive, répartissez dessus les navets confits au sirop d'érable et les pleurotes, saupoudrez de persil ciselé et de noisettes concassées.

INGRÉDIENTS

- 360 g de riz noir
- 500 g de petits navets ronds
- 300 g de petits navets boule d'or
- 400 g de pleurotes
- 3 cuil. à soupe de sirop d'érable
- 1 oignon
- 2 échalotes
- 2 gousses d'ail
- 10 brins de persil
- 60 g de beurre
- 50 g de noisettes
- 1 filet d'huile d'olive
- sel marin et poivre

POUR 4 PERSONNES **PRÉPARATION : 30 MIN** **CUISSON : 35 MIN**

Gnocchis de semoule
aux noix, sauge et gorgonzola

INGRÉDIENTS

250 g de semoule fine de blé dur
12 noix de Grenoble
10 feuilles de sauge (fraîches ou séchées)
120 g de gorgonzola
1 l de lait
2 jaunes d'œufs
10 cl de crème liquide entière
30 g de beurre
30 g de parmesan
1 cuil. à soupe d'huile d'olive
sel et poivre

1 Dans une petite casserole, faites fondre le beurre à feu doux. Râpez le parmesan. Coupez le gorgonzola en morceaux. Décoquillez les noix et concassez grossièrement les cerneaux.

2 Dans un faitout, portez le lait à ébullition avec l'huile d'olive et 1 cuillerée à café de sel. Versez en pluie la semoule et mélangez au fouet. Baissez le feu et poursuivez la cuisson tout en remuant avec une cuillère en bois le temps que la semoule épaississe. Laissez tiédir avant d'ajouter les jaunes d'œufs.

3 Préchauffez le four à 200 °C (th. 6-7). À l'aide d'un rouleau, étalez la semoule entre deux feuilles de papier sulfurisé, sur 1 cm d'épaisseur. Laissez refroidir. Avec un emporte-pièce de 5 cm de diamètre, découpez des ronds de semoule. Dans un plat à gratin, déposez ces gnocchis en les faisant se chevaucher légèrement. Saupoudrez de parmesan et arrosez de beurre fondu et enfournez les gnocchis pour 15 minutes.

4 Pendant ce temps, torréfiez les cerneaux de noix quelques secondes dans une poêle chaude sans cesser de secouer. Dans une casserole, versez la crème, le gorgonzola et les feuilles de sauge. Poivrez à votre convenance. Laissez frémir le temps que le fromage fonde complètement. Retirez les feuilles de sauge et mixez à l'aide d'un robot plongeant.

5 Répartissez les gnocchis dans les assiettes, nappez de sauce chaude au gorgonzola et à la sauge et parsemez de noix concassées.

ASTUCE

Utilisez les blancs d'œufs pour réaliser des rochers au coco ! Mélangez-les à 120 g de noix de coco râpée et 100 g de sucre de canne blond. Sur une plaque à pâtisserie recouverte de papier sulfurisé, dressez une vingtaine de petits tas et faites cuire de 12 à 15 minutes à 180 °C (th. 6).

POUR 4 PERSONNES **PRÉPARATION : 25 MIN** **CUISSON : 30 MIN**

Lasagnes
aux aubergines grillées

1 Préchauffez le four à 200 °C (th. 6-7). Lavez et coupez les aubergines en tranches fines de 5 mm, au couteau ou à la mandoline. Pelez et dégermez l'ail. Pelez l'oignon. Hachez ensemble ail et oignon. Râpez le parmesan.

2 Sur une plaque recouverte de papier sulfurisé, disposez les tranches d'aubergine. À l'aide d'un pinceau, enduisez les tranches d'huile d'olive et saupoudrez-les de sel. Enfournez pour 10 à 15 minutes.

3 Pendant ce temps, préparez la sauce tomate. Dans une casserole, chauffez 1 cuillerée à soupe d'huile, versez le hachis d'ail et d'oignon et faites revenir à feu vif 3 minutes. Ajoutez les tomates concassées avec une pincée de sel, 3 tours de moulin à poivre, le sucre et le vinaigre. Faites cuire 10 minutes à feu vif en remuant. Goûtez et rectifiez l'assaisonnement.

4 Préparez la béchamel. Dans une casserole, faites fondre le beurre. Ajoutez la farine et laissez cuire 1 minute en remuant au fouet. Versez doucement le lait en mélangeant. Poursuivez la cuisson à feu moyen jusqu'à ébullition, en remuant. Ajoutez ½ cuillerée à café de sel et la muscade.

5 Préchauffez le four à 180 °C (th. 6). Huilez le plat à gratin. Disposez une première couche de pâtes (4 feuilles) se chevauchant à peine, la sauce tomate, la moitié des tranches d'aubergine grillées, saupoudrez de piment, disposez une deuxième couche de pâtes (6 feuilles), une fine couche de béchamel, une couche d'aubergines, saupoudrez de piment et terminez par une couche de pâtes (6 feuilles), le reste de béchamel, une couche de parmesan râpé. Enfournez le plat pour 30 à 35 minutes. Servez bien chaud.

INGRÉDIENTS

- 16 feuilles de lasagnes sèches
- 4 aubergines moyennes (800 g)
- 400 g de tomates concassées en boîte
- 2 gousses d'ail
- 1 petit oignon
- 75 cl de lait
- 60 g de farine
- 45 g de beurre
- 30 g de parmesan
- 3 cuil. à soupe d'huile d'olive
- 2 cuil. à café de vinaigre de vin
- 1 cuil. à café de sucre de canne blond
- ¼ de cuil. à café de muscade en poudre
- ½ cuil. à café de piment d'Espelette
- sel et poivre

ASTUCE

Pour une texture plus tendre, précuisez les feuilles de lasagne 1 à 3 minutes dans une grande casserole d'eau bouillante, par trois ou quatre, puis égouttez-les sur un torchon propre après les avoir plongées dans un saladier d'eau froide.

POUR 6 PERSONNES PRÉPARATION : 40 MIN CUISSON : 40 À 50 MIN

Lasagnes
aux légumes d'été

VEGAN
SANS LACTOSE

INGRÉDIENTS

12 à 16 feuilles de lasagnes sèches (sans œufs)

800 g de tomates concassées en boîte

2 petites aubergines

3 petites courgettes

2 poivrons rouges

4 gousses d'ail

1 oignon

½ bouquet de persil

70 g de farine de blé T80

70 g de pain sec

75 cl de lait de soja

15 cl d'huile d'olive + un peu pour le plat

10 cl de vin rouge

¼ de cuil. à café de muscade en poudre

sel marin et poivre

1 Préchauffez le four à 180 °C (th. 6).

2 Lavez et coupez tous les légumes en petits cubes de 1 cm. Déposez-les sur une lèchefrite. Arrosez de 3 cuillerées à soupe d'huile et saupoudrez de sel et de poivre. Enfournez pour 40 minutes en remuant régulièrement.

3 Pendant ce temps, préparez la sauce tomate. Pelez et dégermez 2 gousses d'ail. Pelez l'oignon. Hachez ensemble ail et oignon. Dans une casserole, chauffez 1 cuillerée à soupe d'huile d'olive, versez le hachis d'ail et d'oignon et faites revenir 2 minutes. Ajoutez les tomates concassées avec une pincée de sel, quelques tours de moulin à poivre et le vin. Faites cuire 10 minutes à feu vif en remuant. Goûtez et rectifiez l'assaisonnement.

4 Préparez la béchamel végétale. Dans une casserole, faites chauffer 5 cl d'huile d'olive. Ajoutez la farine et laissez cuire 1 minute en remuant au fouet. Versez doucement le lait de soja en mélangeant. Poursuivez la cuisson à feu moyen jusqu'à ébullition, en remuant. Ajoutez ½ cuillerée à café de sel et la muscade.

5 Mélangez les légumes rôtis avec la sauce tomate. Préparez la chapelure persillée en mixant le pain sec, le persil effeuillé, 2 gousses d'ail pelées avec 2 cuillerées à soupe d'huile d'olive, du sel et du poivre.

6 Huilez le plat à gratin. Disposez une couche de lasagne, répartissez la moitié de la sauce tomate aux légumes, nappez d'un tiers de béchamel. Répétez une fois l'opération. Couvrez d'une couche de lasagne et nappez du reste de béchamel. Saupoudrez de chapelure persillée. Enfournez pour 25 minutes, puis servez bien chaud à la sortie du four.

POUR 6 PERSONNES PRÉPARATION : 40 MIN CUISSON : 1 H 05

Poivrons farcis au millet

VEGAN
SANS LACTOSE

INGRÉDIENTS

4 poivrons rouges ou jaunes
100 g de graines de millet
1 aubergine
1 courgette
1 oignon
10 olives noires
1 cuil. à café de thym (ou d'herbes de Provence)
6 cuil. à soupe d'huile d'olive
sel et poivre

1 Lavez les légumes. Coupez en très petits cubes l'aubergine et la courgette. Découpez les poivrons horizontalement aux trois quarts, videz-les de leurs graines et membranes blanches et gardez les chapeaux. Pelez et ciselez finement l'oignon. Dénoyautez et hachez les olives.

2 Portez 35 cl d'eau à ébullition avec ½ cuillerée à café de sel. Versez le millet et faites cuire 20 minutes à frémissements : toute l'eau doit être absorbée. Couvrez et laissez gonfler le millet 5 minutes.

3 Pendant ce temps, dans une grande poêle ou un wok, chauffez 1 cuillerée à soupe d'huile d'olive et faites revenir 2 ou 3 minutes les cubes de courgette. Réservez. Dans la même poêle, faites sauter les dés d'aubergine avec 3 cuillerées à soupe d'huile d'olive pendant 5 minutes et réservez. Enfin, faites revenir l'oignon dans 1 cuillerée à soupe d'huile d'olive jusqu'à coloration. Ajoutez le millet, les légumes sautés, le hachis d'olives noires et le thym effeuillé, salez et poivrez à votre convenance.

4 Préchauffez le four à 180 °C (th. 6). Garnissez chaque poivron de farce au millet, replacez les chapeaux et disposez les poivrons farcis dans un plat à gratin. Arrosez-les de 1 cuillerée à soupe d'huile d'olive. Enfournez le plat pour 45 minutes.

5 Servez chaud ou tiède, avec une salade de mesclun par exemple.

LE PETIT +

Quinze minutes avant la fin de la cuisson, sortez les farcis du four, retirez les chapeaux des poivrons, recouvrez-les de gruyère, de parmesan ou de tomme de chèvre râpés et enfournez à nouveau jusqu'à ce que le fromage gratine.

POUR 4 PERSONNES PRÉPARATION : 25 MIN CUISSON : 1 H 05

Petits farcis à la feta

SANS GLUTEN

INGRÉDIENTS

4 courgettes boule

4 oignons rouges

4 gros champignons de Paris

400 g de feta

6 branches de menthe

6 branches de persil

2 branches de thym frais

60 g de graines de tournesol

60 g de raisins secs

3 cuil. à soupe d'huile d'olive

1 cuil. à café de coriandre moulue (facultatif)

poivre

1 Lavez les courgettes. Plongez les courgettes et les oignons sans les éplucher dans une casserole d'eau bouillante et laissez-les cuire 15 minutes. Égouttez-les, passez-les sous l'eau froide et laissez-les refroidir.

2 Préchauffez le four à 180 °C (th. 6).

3 Rincez, effeuillez et hachez la menthe et le persil. Effeuillez le thym. Nettoyez les champignons et retirez le pied.

4 Coupez légèrement la base des courgettes et des oignons pour qu'ils tiennent droit dans le plat. Coupez un chapeau sur le dessus et creusez chaque légume en récupérant la chair. Hachez la moitié de la chair des oignons avec celle des courgettes et avec les pieds de champignon.

5 Dans un saladier, écrasez à la fourchette la feta, ajoutez la chair des légumes, les herbes, les graines de tournesol, les raisins secs, la coriandre et 1 cuillerée à soupe d'huile. Poivrez.

6 Répartissez la farce dans les légumes creusés et déposez-les dans un plat à gratin. Arrosez du restant d'huile d'olive, déposez les chapeaux sur les légumes et enfournez pour 25 minutes. Servez dès la sortie du four dans le plat de cuisson.

POUR 4 PERSONNES **PRÉPARATION : 50 MIN** **REPOS : 1 H** **CUISSON : 40 MIN**

Potimarron farci
à la carotte, aux marrons et noisettes

VEGAN
SANS GLUTEN
SANS LACTOSE

INGRÉDIENTS

1 petit potimarron
1 grosse carotte
100 g de marrons cuits et épluchés
1 petite poignée de noisettes
10 cl de crème végétale au choix
2 gousses d'ail
1 oignon jaune
huile d'olive

1 Préchauffez le four à 180 °C (th. 6). Coupez le potimarron en deux, dans le sens de la longueur. Ôtez les graines. Placez-le dans un plat allant au four, arrosez-le d'un filet d'huile d'olive et enfournez pour 30 minutes.

2 Pendant ce temps, pelez l'ail et l'oignon et hachez-les finement. Faites-les revenir 3 minutes dans une sauteuse à feu moyen, avec 1 cuillerée à soupe d'huile d'olive.

3 Rincez la carotte et détaillez-la en cubes. Coupez les marrons en dés. Versez les légumes dans la sauteuse, couvrez et poursuivez la cuisson 20 minutes, en remuant régulièrement. Incorporez la crème et laissez cuire encore 2 minutes.

4 Répartissez la farce dans les potimarrons. Concassez les noisettes et déposez-les sur la farce. Enfournez pour 15 minutes à 180 °C (th. 6) avant de servir.

POUR 2 PERSONNES PRÉPARATION : 10 MIN CUISSON : 45 MIN

Tomates farcies
aux cinq céréales

1 Portez à ébullition 2 verres d'eau salée et plongez-y les céréales. Faites cuire à feu moyen, sans couvrir, pendant 10 minutes à partir de la reprise de l'ébullition. Réservez.

2 Coupez le chapeau de chaque tomate et réservez. Videz délicatement les tomates à l'aide d'une cuillère à pamplemousse.

3 Préchauffez le four à 175 °C (th. 6). Émincez finement l'oignon et les olives. Mélangez dans un saladier les céréales cuites, l'oignon émincé, les olives, l'huile, le parmesan et le basilic. Salez.

4 Huilez et salez les tomates. Farcissez-les avec le mélange de céréales. Disposez-les au fond d'un plat allant au four, puis replacez le chapeau par-dessus. Répartissez le reste de céréales dans le plat tout autour des tomates. Enfournez pour 30 minutes et servez aussitôt.

INGRÉDIENTS

2 tomates à farcir

1 verre de mélange cinq céréales (épeautre, orge, riz, kamut, avoine, par exemple)

1 petit oignon

1 cuil. à soupe d'huile d'olive + un peu pour les tomates

1 cuil. à soupe de parmesan

½ cuil. à café de basilic

quelques olives vertes

sel de Guérande

POUR 2 PERSONNES **PRÉPARATION : 15 MIN** **CUISSON : 40 MIN**

Aubergine rôtie,
couscous de millet et sauce blanche

VEGAN
SANS LACTOSE

INGRÉDIENTS

Pour l'aubergine :

1 belle aubergine

1 belle pincée de cumin moulu

1 filet d'huile de sésame

1 pincée de sel

Pour le couscous :

100 g de millet

1 cuil. à soupe d'amandes effilées

1 cuil. à soupe d'huile d'olive

1 cuil. à soupe de cranberries ou de raisins secs

2 cuil. à café de graines de cumin

½ cuil. à café de sel

Pour la sauce :

4 cuil. à soupe de yaourt de soja ou de crème épaisse de soja

8 feuilles de menthe

8 feuilles de persil

1 pincée de sel

1 pincée de poivre noir

1 Préchauffez le four à 200 °C (th. 6-7).

2 Rincez l'aubergine, ôtez-lui sa queue et coupez-la en deux dans le sens de la longueur. Placez les moitiés, face vers le haut, sur une plaque recouverte de papier sulfurisé. Entaillez la chair en faisant des croisillons, sans toucher la peau. Saupoudrez de sel et de cumin et arrosez d'un peu d'huile de sésame. Enfournez pour 35 minutes. Éteignez le four et maintenez-le fermé 10 minutes.

3 Faites torréfier les amandes effilées dans une poêle antiadhésive, sans matière grasse, en une couche pas trop épaisse, à feu doux et en remuant, pendant 3 minutes environ.

4 Portez 25 cl d'eau à ébullition, ajoutez le millet et le sel. Faites cuire sur feu doux et à couvert 15 minutes. Coupez le feu, puis incorporez l'huile d'olive, les cranberries ou les raisins secs, les amandes torréfiées et les graines de cumin.

5 Préparez la sauce. Mélangez le yaourt ou la crème de soja à la menthe et au persil ciselés. Salez et poivrez.

6 Déposez chaque moitié d'aubergine dans une assiette et répartissez le couscous. Nappez de sauce blanche.

VARIANTE

Ajoutez au couscous de la grenade, d'autres fruits secs, des pois chiches...

POUR 2 PERSONNES **PRÉPARATION : 15 MIN** **CUISSON : 1 H**

Potimarron rôti
aux herbes

VEGAN
SANS GLUTEN
SANS LACTOSE

INGRÉDIENTS

1 potimarron
2 cuil. à soupe de persil haché
½ cuil. à café de gingembre en poudre
½ cuil. à café de cumin en poudre
1 cuil. à soupe de sirop d'érable
2 cuil. à soupe d'huile d'olive
½ cuil. à café de poivre moulu
sel

Pour la sauce :

10 cl d'huile d'olive
le jus de ½ citron
5 feuilles de basilic
1 gousse d'ail
1 cuil. à soupe de câpres
1 cuil. à soupe de raisins secs
2 cuil. à café de vinaigre balsamique
1 cuil. à café de sel

1 Préchauffez le four à 180 °C (th. 6).

2 Coupez le potimarron en fines tranches et retirez les pépins.

3 Dans un bol, mélangez le sirop d'érable, 2 cuillerées d'huile d'olive, le gingembre en poudre, le cumin et le persil haché. Enrobez les tranches de potimarron de ce mélange. Salez et poivrez.

4 Placez sur une plaque de cuisson recouverte de papier sulfurisé et enfournez pour 30 minutes environ. Le potimarron doit être bien tendre.

5 Pendant ce temps, préparez la sauce. Épluchez et écrasez la gousse d'ail. Dans le bol d'un robot mixeur, mettez l'huile d'olive, les câpres, les raisins secs, la gousse d'ail écrasée, les feuilles de basilic, le vinaigre balsamique, le jus de citron et le sel. Mixez jusqu'à l'obtention d'une sauce émulsionnée.

6 Versez la sauce sur le potimarron et mélangez bien. Servez tiède ou à température ambiante accompagné de quinoa ou de riz cuit à la vapeur.

POUR 4 PERSONNES PRÉPARATION : 30 MIN CUISSON : 30 MIN

Panais rôtis au miel
et au sésame

SANS GLUTEN
SANS LACTOSE

1 Préchauffez le four à 180 °C (th. 6).

2 Épluchez les panais. Rincez-les et épongez-les. Coupez-les en deux dans la longueur. Mettez-les dans un plat creux avec l'huile d'olive et retournez-les plusieurs fois pour bien les enrober. Rangez les panais sur une plaque recouverte de papier sulfurisé. Salez. Enfournez et faites cuire 40 minutes environ, jusqu'à ce qu'ils soient tendres et commencent à caraméliser.

3 À l'aide d'un pinceau, badigeonnez les panais de miel. Parsemez les graines de sésame et remettez au four pour 5 minutes.

4 Disposez dans un plat chaud avant de servir.

INGRÉDIENTS

1 kg de panais de taille uniforme

3 cuil. à soupe de miel

1 cuil. à soupe de graines de sésame

3 cuil. à soupe d'huile d'olive

sel

ASTUCE

Choisissez des panais de taille moyenne. Sinon retirez le cœur dur du centre après les avoir coupés en deux, comme pour les grosses carottes d'hiver.

POUR 6 PERSONNES   PRÉPARATION : 15 MIN   CUISSON : 45 MIN

Légumes rôtis, orange, sirop d'érable

VEGAN
SANS GLUTEN
SANS LACTOSE

INGRÉDIENTS

2 petits céleris-raves
2 choux-raves
4 carottes
2 petites betteraves crues
1 oignon rouge
1 orange
1 ½ cuil. à soupe de sirop d'érable
2 branches de romarin
4 cuil. à soupe d'huile d'olive
2 cuil. à café de fleur de sel
½ cuil. à café de poivre

1 Préchauffez le four à 180 °C (th. 6).

2 Épluchez les céleris-raves, les choux-raves, les carottes, les betteraves et l'oignon rouge. Coupez-les en gros cubes et placez-les sur une plaque de cuisson recouverte de papier sulfurisé.

3 Pressez l'orange et mélangez le jus et l'huile d'olive avec le sirop d'érable dans un bol. Versez sur les légumes. Saupoudrez de fleur de sel et de poivre. Mélangez les légumes avec les mains afin qu'ils soient bien enrobés. Placez les branches de romarin dessus et enfournez.

4 Laissez cuire 30 minutes en remuant les légumes à l'aide d'une spatule toutes les 10 minutes. Les légumes rôtis sont prêts lorsqu'ils sont fondants et dorés. Servez bien chaud.

POUR 4 PERSONNES PRÉPARATION : 20 MIN CUISSON : 30 MIN

Chou-fleur aigre-doux

SANS GLUTEN
SANS LACTOSE

1 Préchauffez le four à 180 °C (th. 6).

2 Coupez les fleurettes du chou-fleur. Placez-les sur une plaque de cuisson recouverte de papier sulfurisé. Enfournez et laissez cuire 20 minutes environ jusqu'à ce que le chou-fleur soit bien rôti.

3 Pendant ce temps, dans une casserole, mélangez 10 cl d'eau, la sauce soja, le vinaigre de riz, la sauce barbecue, l'huile de sésame, le sucre, la fécule de maïs et le gingembre râpé. Faites chauffer sur feu moyen pendant 10 minutes jusqu'à ce que la sauce épaississe.

4 Ciselez les ciboules. Sortez le chou-fleur et enrobez-le de sauce. Servez immédiatement en parsemant les fleurettes de sésame et de ciboules accompagné de riz parfumé.

INGRÉDIENTS

- 1 chou-fleur moyen
- 2 ciboules
- 2 cuil. à soupe de sauce soja
- 2 cuil. à soupe de vinaigre de riz
- 2 cuil. à soupe de sauce barbecue
- 1 cuil. à soupe d'huile de sésame
- 2 cuil. à soupe de sucre en poudre
- 2 cuil. à soupe de fécule de maïs
- 2 cuil. à soupe de graines de sésame
- 1 cuil. à café de gingembre frais râpé

POUR 4 PERSONNES PRÉPARATION : 20 MIN CUISSON : 30 MIN

Petits navets boule d'or
glacés aux oignons nouveaux

SANS GLUTEN

INGRÉDIENTS

600 g de petits navets boule d'or

16 oignons blancs nouveaux moyens

50 g de beurre

3 cuil. à soupe de sucre en poudre

sel

1 Supprimez les membranes extérieures et les petites racines des oignons. Coupez la tige en laissant 1 cm de vert tendre. Coupez la tige et le long poil des navets. Pelez-les et rincez-les.

2 Mettez les légumes côte à côte dans une large sauteuse. Recouvrez d'eau à hauteur, salez, puis ajoutez le sucre et le beurre. Amenez à petite ébullition, couvrez et faites cuire 10 minutes environ à très petit feu. Retirez le couvercle et laissez cuire 10 à 15 minutes, jusqu'à ce qu'il ne reste plus qu'un liquide sirupeux. Remuez régulièrement la sauteuse par le manche ou mélangez délicatement avec une cuillère en bois pour rouler les légumes dans ce sirop et les enrober uniformément.

3 Versez dans un légumier chaud et servez aussitôt.

ASTUCE

Si les navets sont suffisamment jeunes et petits, brossez-les simplement sous l'eau froide sans enlever la peau.

POUR 4 PERSONNES PRÉPARATION : 15 MIN CUISSON : 20 À 25 MIN

Poêlée de légumes
d'automne et quinoa

VEGAN
SANS GLUTEN
SANS LACTOSE

INGRÉDIENTS

300 g de champignons
1 petit chou-fleur (300 g)
250 g d'épinards
200 g de courge
½ verre de quinoa
huile d'olive
crème de soja
cumin
gomasio (condiment de sésame)

1 Mettez le quinoa dans une casserole avec deux fois son volume d'eau bouillante. Laissez cuire à feu doux jusqu'à ce que les grains éclatent en libérant le germe et que toute l'eau ait été absorbée.

2 Détaillez le chou-fleur en petits bouquets et faites-les revenir dans une poêle avec un peu d'eau à feu moyen, pendant 10 ou 15 minutes (n'hésitez pas à rajouter un peu d'eau en cours de cuisson si nécessaire).

3 Faites revenir les champignons dans un peu d'huile d'olive pendant 4 minutes environ. Réservez. Procédez de même avec les épinards, après les avoir rincés et débarrassés de leur tige centrale.

4 Épluchez la courge et coupez-la en fines tranches. Faites-les revenir dans un peu d'eau pendant 5 minutes, jusqu'à ce que les tranches soient tendres sous la lame d'un couteau.

5 Assaisonnez les épinards de crème de soja et le chou-fleur de cumin. Réunissez tous les ingrédients. Servez, nappé d'huile d'olive et saupoudré de gomasio.

POUR 2 PERSONNES PRÉPARATION : 20 MIN CUISSON : 20 MIN

Papillotes de légumes primeurs, huile de persil

VEGAN
SANS GLUTEN
SANS LACTOSE

INGRÉDIENTS

200 g de pois gourmands

200 g de petits pois

4 petites carottes

2 oignons frais

10 cl d'huile d'olive

½ bouquet de persil plat

1 cuil. à café de sel

½ cuil. à café de poivre

1 Lavez et effeuillez le persil. Portez à ébullition une petite casserole d'eau et plongez-y pendant 1 minute les feuilles de persil. Égouttez-les, passez-les sous l'eau froide puis mixez-les, à l'aide d'un robot mixeur ou plongeant, avec l'huile d'olive. Réservez.

2 Préchauffez le four à 180 °C (th. 6).

3 Lavez et épluchez les carottes et coupez-les en gros tronçons. Épluchez et émincez finement les oignons.

4 Découpez 4 grandes feuilles de papier sulfurisé. Au centre de chacune, placez 50 g de pois gourmands, 50 g de petits pois, 1 carotte coupée et la moitié d'un oignon. Salez et poivrez, puis versez 1 cuillerée à soupe d'huile d'olive au persil.

5 Repliez les feuilles de papier sulfurisé afin de former des papillotes, hermétiquement fermées. Placez-les sur une plaque de cuisson et enfournez pour 30 minutes. Servez bien chaud avec l'huile d'olive de persil restante.

POUR 4 PERSONNES PRÉPARATION : 30 MIN CUISSON : 30 MIN

VEGAN
SANS GLUTEN
SANS LACTOSE

Jardinière de légumes nouveaux

INGRÉDIENTS

600 g de petits pois frais non écossés

8 petites carottes nouvelles

3 pommes de terre nouvelles moyennes

2 oignons blancs nouveaux

1 cuil. à soupe d'huile d'olive + un peu pour le service

gros sel gris

sel de Guérande (ou gomasio)

1 Écossez les petits pois, lavez-les. Émincez les oignons et faites-les revenir dans un faitout avec l'huile d'olive.

2 Épluchez et lavez les carottes. Coupez-les en dés. Faites de même pour les pommes de terre.

3 Mettez les petits pois, les carottes et les pommes de terre dans le faitout et recouvrez d'eau. Ajoutez une pincée de gros sel.

4 Faites cuire à feu vif pendant quelques minutes et, dès les premiers bouillons, continuez la cuisson à feu moyen. Égouttez bien les petits légumes, et servez-les avec un filet d'huile d'olive, un peu de sel de Guérande ou un peu de gomasio !

POUR 2 PERSONNES PRÉPARATION : 20 MIN CUISSON : 20 À 25 MIN

Ratatouille et son omelette
aux herbes

SANS GLUTEN
SANS LACTOSE

1 Épluchez les pommes de terre, lavez-les ainsi que les tomates, l'aubergine et les courgettes. Coupez tous ces légumes en fines rondelles.

2 Épluchez et coupez l'oignon en petits dés. Faites-les revenir dans un faitout avec l'huile d'olive et les tomates. Ajoutez tous les autres légumes et les feuilles de sauge, versez 20 cl d'eau, salez et laissez mijoter 25 minutes environ.

3 Cassez les œufs dans un saladier et battez-les. Hachez les brins de ciboulette, ajoutez-les aux œufs, salez, battez de nouveau. Huilez une poêle et faites-y cuire l'omelette. Couvrez et retournez délicatement à mi-cuisson.

4 Servez cette omelette accompagnée de la ratatouille.

INGRÉDIENTS

Pour la ratatouille :

600 g de tomates

2 belles pommes de terre

2 courgettes

1 aubergine

1 gros oignon

4 cuil. à soupe d'huile d'olive
+ un peu pour la poêle

5 feuilles de sauge

gros sel gris

Pour l'omelette :

4 œufs

12 brins de ciboulette

sel de Guérande

POUR 4 PERSONNES PRÉPARATION : 20 MIN CUISSON : 30 MIN

Brocolis vapeur
aux amandes, sauce au yaourt

SANS GLUTEN

INGRÉDIENTS

600 g de fleurettes de brocoli (1 ou 2 têtes)

30 g d'amandes effilées

2 yaourts à 0 % de matière grasse

1 cuil. à soupe d'huile d'olive

10 brins de ciboulette rincés et hachés

1 gousse d'ail pelée et hachée

sel et poivre

1 Rincez les brocolis, faites-les cuire 10 minutes à la vapeur, en les gardant légèrement croquants. Disposez-les dans un plat.

2 Mélangez les yaourts, l'ail, la ciboulette, l'huile d'olive. Salez et poivrez.

3 Faites dorer les amandes effilées pendant 3 minutes dans une poêle sans matière grasse.

4 Versez la sauce sur les brocolis, décorez d'amandes effilées et servez aussitôt.

À SAVOIR

Le brocoli est particulièrement concentré en antioxydants et en substances anticancer. À mettre au menu une fois par semaine.

POUR 4 PERSONNES PRÉPARATION : 15 MIN CUISSON : 15 MIN

Carottes à l'orientale

SANS GLUTEN
SANS LACTOSE

INGRÉDIENTS

1 botte de carottes nouvelles
5 tiges de persil plat
½ citron
1 pincée de graines de coriandre
1 pincée de graines de cumin
1 pincée de graines de fenouil
2 cuil. à soupe de miel de lavande
2 cuil. à soupe d'huile d'olive
sel et poivre

1 Grattez les carottes, éliminez les fanes et les radicelles. Coupez-les en rondelles.

2 Faites chauffer le miel à feu doux dans une cocotte. Ajoutez l'huile et les graines de coriandre, de cumin et de fenouil. Laissez cuire en remuant pendant 5 minutes. Ajoutez les carottes et ½ verre d'eau. Salez, poivrez et mélangez. Couvrez et laissez cuire 15 minutes à feu doux.

3 Versez dans un saladier, laissez tiédir. Rincez et hachez les feuilles de persil, saupoudrez-les sur les carottes et ajoutez un peu de jus de citron. Dégustez tiède ou à température ambiante.

À SAVOIR

Les graines de cumin, de fenouil et de coriandre favorisent une bonne digestion.

POUR 4 PERSONNES PRÉPARATION : 15 MIN CUISSON : 20 MIN

Brochettes estivales

VEGAN
SANS GLUTEN
SANS LACTOSE

INGRÉDIENTS

- 1 courgette
- 400 g de panisse
- 6 tomates cocktail
- 6 champignons de Paris
- 1 petit poivron (rouge, vert ou jaune)
- huile d'olive
- gomasio (condiment de sésame)

1 Coupez le poivron en morceaux. Coupez la courgette en deux, puis en morceaux. Coupez la panisse en rondelles, puis en quatre. Ôtez le pied des champignons. Réservez.

2 Préchauffez le four à 200 °C (th. 6-7).

3 Prenez 6 bâtons à brochettes : sur 4 d'entre eux, piquez alternativement des morceaux de courgette, de panisse et de poivron ; sur les autres, les champignons, les tomates et également des morceaux de panisse.

4 Huilez généreusement les brochettes et enfournez-les pour 20 minutes environ, en les retournant à mi-cuisson.

5 Servez les brochettes chaudes après les avoir saupoudrées de gomasio.

POUR 2 PERSONNES PRÉPARATION : 15 MIN CUISSON : 20 MIN

Grillade de chou-fleur

SANS GLUTEN

INGRÉDIENTS

1 chou-fleur (500 g)
50 g d'emmental râpé
huile d'olive
½ cuil. à café de cumin
sel de Guérande

1 Préchauffez le four à 150 °C (th. 5).

2 Lavez le chou-fleur et coupez-le en tranches de 1 cm d'épaisseur environ. Déposez-les sur une plaque recouverte de papier sulfurisé huilé.

3 Badigeonnez d'huile le dessus et le dessous des tranches de chou-fleur à l'aide d'un pinceau. Salez et enfournez pour 20 minutes.

4 Retournez les tranches et poursuivez la cuisson pendant 10 minutes. Le chou-fleur est cuit quand le pied se coupe aisément.

5 Saupoudrez de cumin et d'emmental râpé, et enfournez de nouveau pour 2 ou 3 minutes (le temps que le fromage fonde). Servez ce plat accompagné de légumes verts ou d'une salade.

POUR 2 PERSONNES PRÉPARATION : 10 MIN CUISSON : 33 MIN

Purée de céleri-rave
aux feuilles de céleri

SANS GLUTEN

1 Pelez soigneusement la boule de céleri-rave en ôtant les yeux. Coupez-la en tranches épaisses ou en quartiers, puis en morceaux plus petits. Citronnez-les. Pelez et lavez les pommes de terre. Coupez-les en cubes. Prélevez les feuilles des branches de céleri, lavez-les, épongez-les et ciselez-les finement à l'aide d'une paire de ciseaux. Réservez.

2 Effilez les branches et coupez-les en petits tronçons. Déposez-les dans une casserole avec le céleri-rave et les pommes de terre. Salez et couvrez largement d'eau. Portez à ébullition et laissez cuire à petits bouillons pendant 25 à 30 minutes.

3 Égouttez les légumes et passez-les au moulin. Faites chauffer la crème fleurette dans une casserole et versez-y la purée. Mélangez intimement en ajoutant le beurre en parcelles et fouettez pendant 5 minutes. Salez et poivrez. Incorporez les feuilles de céleri ciselées, mélangez et servez très chaud.

INGRÉDIENTS

1 boule de céleri-rave

2 grosses pommes de terre à chair farineuse

2 branches de céleri garnies de feuilles très vertes

le jus de 1 citron

10 cl de crème fleurette

50 g de beurre

sel et poivre

À SAVOIR

La purée de céleri est souvent présentée en duo avec une purée de marrons salée. La présence de la pomme de terre dans la purée de céleri lui offre davantage d'onctuosité. Si vous la réalisez uniquement avec du céleri-rave, remplacez la crème fleurette par de la crème fraîche épaisse.

POUR 4 PERSONNES **PRÉPARATION : 25 MIN** **CUISSON : 35 MIN**

Purée de courge-panais
à l'huile de pépins de courge

VEGAN
SANS GLUTEN
SANS LACTOSE

INGRÉDIENTS

1 kg de courge musquée

300 g de panais

1 cuil. à café d'huile de pépins de courge grillés

sel de Guérande

1 Épluchez et épépinez la courge. Coupez-la en dés et faites-les cuire dans de l'eau salée pendant 10 minutes.

2 Épluchez le panais et coupez-le en petits morceaux. Ajoutez-les à la courge et continuez la cuisson pendant 15 minutes (les légumes doivent être tendres sous la lame du couteau).

3 Égouttez les légumes (n'hésitez pas à presser la courge pour la faire dégorger). Réduisez-les en purée en les écrasant à la fourchette ou au moulin. Disposez la purée dans un plat, arrosez-la d'huile de pépins de courge et salez.

À SAVOIR

Le panais est un légume-racine riche en protéines et alcalinisant (non acide).

POUR 2 PERSONNES PRÉPARATION : 20 MIN CUISSON : 25 MIN

VEGAN
SANS GLUTEN
SANS LACTOSE

Râpées de pommes de terre et carottes

INGRÉDIENTS

1,5 kg de pommes de terre à chair ferme

2 carottes

huile de tournesol

1 cuil. à café de sel

½ cuil. à café de poivre

1 Lavez et épluchez les pommes de terre et les carottes. Râpez-les finement. Dans un saladier, mélangez les pommes de terre et les carottes râpées avec le sel et le poivre.

2 Faites chauffer de l'huile de tournesol dans une large poêle sur feu moyen.

3 Formez de petites galettes avec les pommes de terre et les carottes râpées et déposez-les dans la poêle bien chaude. Laissez cuire 5 minutes environ, puis retournez délicatement les galettes et laissez cuire de nouveau 5 minutes. Les râpées sont prêtes lorsqu'elles sont bien dorées, croustillantes à l'extérieur et fondantes au cœur.

4 Servez immédiatement avec une salade verte bien croquante.

POUR 4 PERSONNES PRÉPARATION : 20 MIN CUISSON : 10 MIN

Pommes de terre
au four

SANS GLUTEN

1 Préchauffez le four à 200 °C (th. 6-7).

2 Épluchez, lavez et essuyez bien les pommes de terre. Coupez-les en très fines lamelles dans le sens de la largeur, sans aller jusqu'au bout. Déposez-les dans un plat, arrosez d'un filet d'huile et salez.

3 Coupez le gouda en tranches et intercalez-en une toutes les 3 ou 4 lamelles. Enfournez pour 40 à 50 minutes selon le four.

4 Servez ce plat chaud ou tiède accompagné d'une salade.

INGRÉDIENTS

4 pommes de terre
100 g de gouda
huile d'olive
sel de Guérande

POUR 2 À 4 PERSONNES PRÉPARATION : 15 MIN CUISSON : 50 MIN

DESSERTS

Fraises déguisées
choco-coco

SANS GLUTEN

INGRÉDIENTS

10 fraises (de belle taille)
20 g de chocolat au lait
20 g de chocolat noir
noix de coco râpée

1 Lavez les fraises, sans les équeuter. Cassez en morceaux les chocolats, faites-les fondre au bain-marie, puis retirez du feu. Versez la noix de coco râpée dans un bol.

2 Plongez chaque fraise aux deux tiers, l'une après l'autre, dans le chocolat fondu, puis dans la noix de coco râpée. Déposez les fraises déguisées au fur et à mesure sur une assiette et dégustez aussitôt.

POUR 2 PERSONNES PRÉPARATION : 5 MIN CUISSON : 5 MIN

Dattes à la purée
de noisettes et noix

VEGAN
SANS GLUTEN
SANS LACTOSE

1 Dénoyautez les dattes. Garnissez-les de 1 petite cuillerée à café de purée de noisettes.

2 Ajoutez 1 demi-noix dans chaque datte et dégustez aussitôt.

INGRÉDIENTS

4 dattes Medjool

4 petites cuil. à café de purée de noisettes

2 noix de Grenoble

ASTUCE

Trempez les dattes dans du chocolat fondu avant de les placer quelques minutes au réfrigérateur.

POUR 2 PERSONNES PRÉPARATION : 2 MIN

VEGAN
SANS GLUTEN
SANS LACTOSE

Chocolats
à la noix de coco

INGRÉDIENTS

50 g de chocolat noir

50 g de noix de coco râpée

25 g d'huile de coco
+ 2 cuil. à café

1 cuil. à soupe de sirop d'agave

1 Mélangez dans un bol la noix de coco râpée avec 25 g d'huile de coco fondue et le sirop d'agave. Répartissez la préparation dans des moules à glaçons et placez au congélateur 45 minutes. Démoulez.

2 Faites fondre le chocolat au bain-marie avec 2 cuillerées à café d'huile de coco et enrobez les morceaux de noix de coco.

3 Déposez les chocolats sur une feuille de papier sulfurisé. Placez au réfrigérateur 45 minutes avant de déguster.

ASTUCE

Vous pouvez parfumer le chocolat fondu avec 1 ou 2 gouttes d'huile essentielle d'orange ou de citron.

POUR 10 CHOCOLATS **PRÉPARATION : 10 MIN** **CONGÉLATION : 45 MIN**
CUISSON : 5 MIN **RÉFRIGÉRATION : 45 MIN**

Cookies au chocolat
et à la noix de coco

VEGAN
SANS GLUTEN
SANS LACTOSE

1 Préchauffez le four à 180 °C (th. 6).

2 Versez dans un saladier la farine de riz, le sucre, la noix de coco, le cacao en poudre, la vanille, le bicarbonate et le sel. Ajoutez le lait végétal ainsi que l'huile de coco légèrement ramollie. Mélangez la préparation à la cuillère en bois et incorporez-y les pépites de chocolat.

3 Divisez la pâte en 8 morceaux, roulez-les entre vos mains et aplatissez-les légèrement avec votre paume. Disposez-les sur une plaque recouverte de papier sulfurisé.

4 Enfournez pour 10 à 12 minutes : les cookies doivent être encore un peu mous. Laissez refroidir avant de déguster.

INGRÉDIENTS

150 g de farine de riz complet

90 g d'huile de coco

60 g de pépites de chocolat noir

75 g de sucre blond

20 g de noix de coco râpée

15 g de cacao en poudre

3 cuil. à soupe de lait végétal (au choix)

1 cuil. à café de vanille moulue

1 pincée de bicarbonate alimentaire

1 pincée de sel

ASTUCE

Ajoutez à la pâte le zeste de 1 orange ou des fruits secs.

POUR 12 COOKIES **PRÉPARATION : 5 MIN** **CUISSON : 10 À 12 MIN**

Crêpes

VEGAN
SANS LACTOSE

INGRÉDIENTS

125 g de farine de blé T45

40 g de fécule de maïs

25 cl de lait végétal au choix

1 cuil. à soupe d'huile + un peu pour la cuisson

1 pincée de sel

1 Mélangez dans un bol, à la fourchette, la fécule et 12 cl d'eau. Versez dans un saladier et ajoutez la farine, le sel et l'huile.

2 Incorporez petit à petit le lait végétal et mélangez vigoureusement au fouet. Si besoin, passez la pâte au chinois pour éliminer les grumeaux.

3 Huilez une poêle antiadhésive et placez sur feu vif. Réduisez à feu moyen lorsqu'elle est bien chaude. Versez une louche de pâte, faites un mouvement de rotation pour la répartir sur toute la surface et laissez cuire 1 minute environ de chaque côté. Procédez de la même manière jusqu'à épuisement de la pâte.

ASTUCE

On peut parfumer la pâte avec 1 cuillerée à café d'eau de fleur d'oranger ou de rhum.

POUR 4 CRÊPES PRÉPARATION : 10 MIN CUISSON : 2 MIN (POUR CHAQUE CRÊPE)

Gaufres

VEGAN
SANS LACTOSE

INGRÉDIENTS

250 g de farine de blé T55

30 g de fécule de maïs

30 cl de lait végétal au choix

10 cl d'huile de tournesol + un peu pour la cuisson

4 cl de sirop d'érable

1 cuil. à soupe de vinaigre de cidre ou de jus de citron

1 cuil. à café de poudre à lever

1 pincée de bicarbonate alimentaire

1 pincée de sel

1 Battez dans un saladier, au fouet, le lait végétal avec l'huile, le sirop d'érable ainsi que le vinaigre ou le jus de citron.

2 Incorporez la farine, la fécule, la poudre à lever, le bicarbonate et le sel.

3 Préchauffez et huilez le gaufrier.

4 Versez une bonne louche de pâte par gaufre et faites cuire le temps indiqué sur le mode d'emploi de l'appareil (3 à 5 minutes environ).

ASTUCE

On peut parfumer la pâte avec de la vanille, de la cannelle ou de l'eau de fleur d'oranger.

POUR 6 À 8 GAUFRES PRÉPARATION : 3 MIN CUISSON : 3 À 5 MIN (POUR CHAQUE GAUFRE)

Petits moelleux
aux fruits rouges

VEGAN
SANS LACTOSE

1 Préchauffez le four à 180 °C (th. 6).

2 Battez dans un saladier, au fouet, le lait végétal, la compote, la purée d'amandes, le vinaigre de cidre, ou le jus de citron, et le sucre. Incorporez la poudre à lever, le bicarbonate, le sel et la farine, puis ajoutez les fruits rouges.

3 Répartissez la préparation dans de petits moules à muffins ou à mini-cakes légèrement huilés.

4 Enfournez pour 25 minutes. Laissez refroidir avant de démouler.

INGRÉDIENTS

200 g de farine T65

150 g de fruits rouges frais ou surgelés

100 g de compote de pommes non sucrée

100 g de sucre blond

40 g de purée d'amandes blanches

20 cl de lait végétal au choix

1 cuil. à soupe de vinaigre de cidre ou de jus de citron

2 cuil. à café de poudre à lever

½ cuil. à café de bicarbonate alimentaire

huile pour le moule

1 pincée de sel

VARIANTE

Troquez les fruits rouges pour des pépites de chocolat ou des fruits secs.

POUR 12 MOELLEUX PRÉPARATION : 5 MIN CUISSON : 25 MIN

Cupcakes aux carottes,
à la pomme et aux épices

VEGAN
SANS GLUTEN
SANS LACTOSE

INGRÉDIENTS

Pour les muffins :

3 petites carottes
1 pomme moyenne
80 g de farine de riz complet
60 g de farine de sarrasin
50 g de sucre blond
40 g de poudre d'amandes
20 g de fécule de maïs
2 cm de gingembre frais
12 cl de lait végétal au choix
6 g de poudre à lever
5 cl d'huile d'olive
2 cuil. à café de quatre-épices
1 cuil. à café rase de bicarbonate alimentaire
1 cuil. à soupe de vinaigre de cidre ou de jus de citron
1 pincée de sel

Pour le glaçage :

100 g de noix de cajou non salées
2 cuil. à soupe de jus d'orange ou d'eau
2 cuil. à soupe de crème végétale au choix
1 cuil. à soupe de sirop d'érable

1 Faites tremper les noix de cajou dans de l'eau pendant 4 heures.

2 Préchauffez le four à 180 °C (th. 6).

3 Mélangez dans un saladier les farines avec la poudre d'amandes, la fécule, le sucre, la poudre à lever, le bicarbonate, le sel et le quatre-épices. Ajoutez le lait végétal, l'huile et le vinaigre ou le jus de citron, puis mélangez rapidement à la cuillère en bois.

4 Épluchez le gingembre et hachez-le finement. Pelez et râpez les carottes, pelez et coupez la pomme en dés. Incorporez ces ingrédients à la pâte.

5 Placez des caissettes dans des moules à muffins et répartissez la préparation. Enfournez pour 25 à 30 minutes, puis laissez refroidir complètement avant de démouler et de glacer.

6 Préparez le glaçage. Égouttez les noix de cajou et mixez-les avec le reste des ingrédients au robot, en plusieurs fois, jusqu'à l'obtention d'une crème lisse et homogène. Répartissez la préparation sur les muffins et placez au réfrigérateur 1 heure au moins avant de servir.

POUR 8 À 10 CUPCAKES PRÉPARATION : 25 MIN CUISSON : 25 À 30 MIN
TREMPAGE : 4 H RÉFRIGÉRATION : 1 H

Muffins au potimarron
et noix de coco

VEGAN
SANS LACTOSE

1 Préchauffez le four à 180 °C (th. 6).

2 Versez dans un saladier la farine, le sucre, la noix de coco, la poudre à lever, le bicarbonate et le sel. Dans un bol, mélangez le potimarron, le lait, l'huile, le vinaigre et la vanille. Amalgamez les deux préparations.

3 Répartissez la pâte dans des moules à muffins légèrement huilés et enfournez pour 5 minutes. Baissez ensuite la température du four à 160 °C (th. 5-6), puis laissez cuire encore pendant 25 minutes.

INGRÉDIENTS

150 g de farine de blé T55

100 g de potimarron bien cuit réduit en purée

60 g de sucre blond

60 g de noix de coco râpée

40 g d'huile de tournesol
+ un peu pour les moules

15 cl de lait végétal au choix

10 g de poudre à lever

1 cuil. à soupe de vinaigre de cidre

1 cuil. à café de vanille liquide ou moulue

1 pincée de bicarbonate alimentaire

1 pincée de sel

VARIANTE

Remplacez le potimarron par de la patate douce.

POUR 10 MUFFINS **PRÉPARATION : 10 MIN** **CUISSON : 30 MIN**

Clafoutis aux abricots

VEGAN
SANS LACTOSE

INGRÉDIENTS

200 g d'abricots dénoyautés
50 g de sucre blond
50 g de farine de blé T65
40 g de poudre d'amandes
20 g de fécule de maïs
20 g de purée d'amandes blanches
25 cl de lait d'amande
huile pour le moule

1 Préchauffez le four à 200 °C (th. 6-7).

2 Répartissez les abricots dans un moule légèrement huilé de 18 cm de diamètre.

3 Mélangez dans un bol, au fouet, la purée d'amandes avec le lait, le sucre, la fécule et la poudre d'amandes. Versez la farine en pluie et mélangez à nouveau.

4 Répartissez la préparation sur les abricots, puis enfournez pour 25 minutes. Laissez refroidir avant de servir.

ASTUCE

Décorez avec 2 cuillerées à soupe d'amandes effilées.

POUR 4 PERSONNES **PRÉPARATION : 5 MIN** **CUISSON : 25 MIN**

Crumb cake aux pêches
et noix de coco

VEGAN
SANS LACTOSE

INGRÉDIENTS

Pour le gâteau :

280 g de farine de blé T65

100 g de sucre blond

15 cl de lait végétal au choix

5 cl d'huile d'olive + un peu pour le moule

6 g de poudre à lever

1 cuil. à café rase de bicarbonate alimentaire

1 cuil. à soupe de vinaigre de cidre ou de jus de citron

1 pincée de sel

Pour le crumble :

2 pêches jaunes

100 g de farine de blé T65

60 g d'huile de coco

50 g de sucre blond

20 g de noix de coco râpée

1 pincée de sel

1 Préparez le gâteau : dans un saladier, versez la farine, le sucre, la poudre à lever, le bicarbonate et le sel. Dans un bol, mélangez l'huile, le lait, 10 cl d'eau et le vinaigre ou le jus de citron. Incorporez la préparation liquide dans le saladier.

2 Huilez un moule à charnière de 22 cm de diamètre et versez-y la pâte.

3 Épluchez et dénoyautez les pêches, puis coupez-les en fines lamelles avant de les répartir sur la pâte.

4 Préchauffez le four à 180 °C (th. 6).

5 Préparez le crumble : dans un bol, mélangez la farine, le sucre, la noix de coco et le sel. Ajoutez l'huile de coco et malaxez la préparation avec les doigts. Émiettez cette pâte au-dessus des pêches de façon à les recouvrir.

6 Enfournez pour 45 minutes. Laissez tiédir, voire refroidir, avant de démouler et savourez.

POUR 6 PERSONNES **PRÉPARATION : 10 MIN** **CUISSON : 45 MIN**

Crumble aux prunes

VEGAN
SANS LACTOSE

1 Préchauffez le four à 180 °C (th. 6).

2 Rincez les prunes et dénoyautez-les. Répartissez-les dans un plat légèrement huilé de 22 cm de diamètre.

3 Versez dans un saladier la poudre d'amandes, la farine, le sucre, le bicarbonate et le sel. Ajoutez le sirop d'agave et l'huile, puis mélangez grossièrement à la cuillère en bois. La pâte doit être bien granuleuse et surtout pas homogène.

4 Répartissez cette pâte au-dessus des prunes de façon à les recouvrir, puis enfournez pour 15 à 20 minutes. Laissez tiédir, voire refroidir avant de déguster.

INGRÉDIENTS

600 g de petites prunes
80 g de poudre d'amandes
80 g de farine de blé T65
40 g de sirop d'agave
20 g de sucre blond
3 cuil. à soupe d'huile d'olive + un peu pour le moule
1 pincée de bicarbonate alimentaire
1 pincée de sel

ASTUCE

Pour un crumble sans gluten, optez pour de la farine de riz complet.

POUR 4 PERSONNES **PRÉPARATION : 10 MIN** **CUISSON : 15 À 20 MIN**

Gâteau à la farine
de maïs et oranges confites

VEGAN
SANS LACTOSE

INGRÉDIENTS

200 g de farine de maïs

50 g d'oranges confites, maison ou non

100 g de compote de pommes non sucrée

80 g de sucre blond

40 g d'huile d'olive + un peu pour le moule

15 cl de lait végétal au choix

10 g de poudre à lever

1 cuil. à soupe de vinaigre de cidre ou de jus de citron

1 pincée de bicarbonate alimentaire

1 pincée de sel

1 Préchauffez le four à 180 °C (th. 6).

2 Versez dans un saladier la farine, le sucre, la poudre à lever, le bicarbonate et le sel. Incorporez la compote, l'huile, le lait ainsi que le vinaigre ou le jus de citron.

3 Coupez les oranges confites en petits dés et mélangez-les à la pâte.

4 Versez la préparation dans un moule à cake légèrement huilé. Enfournez pour 45 minutes, puis laissez refroidir avant de démouler.

POUR 6 PERSONNES PRÉPARATION : 10 MIN CUISSON : 45 MIN

Gâteau au yaourt
et à la pomme

VEGAN
SANS LACTOSE

1 Préchauffez le four à 180 °C (th. 6).

2 Mélangez dans un premier saladier le yaourt avec le lait, le sirop d'érable, l'huile et le vinaigre ou le jus de citron. Dans un second saladier, mélangez la farine avec la fécule, la poudre à lever, le bicarbonate et le sel.

3 Incorporez la première préparation à la seconde et ajoutez la pomme, pelée et détaillée en petits cubes.

4 Versez la pâte dans un moule rond de 18 à 20 cm de diamètre ou dans un moule à cake préalablement huilé. Enfournez pour 45 à 50 minutes. Laissez refroidir avant de démouler.

INGRÉDIENTS

1 pot de yaourt au soja (soit 100 g)

1 pot de sirop d'érable (soit 100 g)

1 pot de lait d'amande (soit 9 cl)

2 pots de farine de blé T65 ou de riz complet (soit 80 g)

1 pot de fécule de maïs (soit 35 g)

150 g de pomme (soit 1 pomme moyenne)

2 cuil. à soupe d'huile d'olive + un peu pour le moule

1 cuil. à soupe de vinaigre de cidre ou de jus de citron

2 cuil. à café de poudre à lever

1 pincée de bicarbonate alimentaire

1 pincée de sel

VARIANTE

Remplacez la pomme par des fruits rouges.

POUR 6 PERSONNES PRÉPARATION : 10 MIN CUISSON : 45 À 50 MIN

Cake au citron
et pavot

VEGAN
SANS LACTOSE

INGRÉDIENTS

160 g de farine de blé T55
100 g de sucre blond
40 g de fécule de maïs
10 g de poudre à lever
20 cl de lait végétal au choix
8 cl d'huile de tournesol + un peu pour le moule
1 cuil. à soupe de jus de citron jaune
10 gouttes d'huile essentielle de citron
le zeste de 1 citron jaune non traité
2 cuil. à soupe de graines de pavot
1 pincée de bicarbonate alimentaire
1 pincée de sel

1 Préchauffez le four à 180 °C (th. 6).

2 Mélangez dans un saladier la farine, le sucre, la fécule, la poudre à lever, le bicarbonate alimentaire et le sel. Incorporez le lait, l'huile, le jus ainsi que l'huile essentielle de citron, les graines de pavot et le zeste, détaillé en lanières très fines.

3 Huilez un moule à cake et versez-y la pâte, puis enfournez pour 25 à 30 minutes. Laissez refroidir avant de démouler.

VARIANTE

Troquez l'huile de tournesol par de l'huile d'olive pour un cake encore plus parfumé.

POUR 6 PERSONNES PRÉPARATION : 5 MIN CUISSON : 25 À 30 MIN

Gâteau simplissime
pomme-choco

INGRÉDIENTS

2 petites pommes
70 g de chocolat noir
1 pot de yaourt de brebis
3 pots de farine
1 pot de sucre de canne blond
2 œufs
¾ de pot d'huile d'olive + un peu pour le moule
1 sachet de poudre à lever
¼ de cuil. à café de vanille en poudre (facultatif)

1 Versez le yaourt dans un saladier (gardez le pot pour l'utiliser comme unité de mesure). Ajoutez la farine, la poudre à lever, le sucre, la vanille et formez un puits pour y mettre les œufs. Délayez le tout en ajoutant l'huile petit à petit.

2 Préchauffez le four à 175 °C (th. 6).

3 Épluchez et coupez les pommes en petits cubes et cassez le chocolat grossièrement au couteau. Incorporez le tout à la préparation. Remuez bien.

4 Huilez un moule à cake et versez-y la pâte. Enfournez pour 35 minutes environ. Assurez-vous de la cuisson en enfonçant une lame de couteau au centre du gâteau : elle doit ressortir propre. Laissez refroidir avant de démouler.

ASTUCE

Pour gagner du temps, utilisez des pépites de chocolat !

POUR 6 À 8 PERSONNES **PRÉPARATION : 20 MIN** **CUISSON : 35 MIN**

Tarte amandine
aux poires

VEGAN
SANS LACTOSE

1 Préchauffez le four à 180 °C (th. 6).

2 Dans un saladier, mélangez à la fourchette tous les ingrédients pour la pâte avec 20 cl d'eau. Huilez un moule à tarte de 28 cm de diamètre, répartissez la pâte avec vos doigts et foncez le moule.

3 Rincez, pelez et épépinez les poires, puis détaillez-les en fines lamelles. Répartissez les fruits sur la pâte.

4 Mélangez au fouet, dans un saladier, la poudre d'amandes, la fécule, le lait et le sirop. Versez la préparation sur les poires.

5 Enfournez pour 25 à 30 minutes. La tarte est cuite lorsque la pâte et l'appareil sont dorés et légèrement fermes. Laissez refroidir avant de déguster, afin que la tarte se raffermisse.

INGRÉDIENTS

Pour la pâte :

250 g de farine de blé T65

10 cl d'huile de tournesol + un peu pour le moule

1 pincée de sel

Pour l'appareil :

3 poires ni trop fermes ni trop mûres

100 g de poudre d'amandes

60 g de fécule de maïs

30 cl de lait d'amande

40 g de sirop d'agave

VARIANTE

Avant la cuisson, répartissez sur la tarte des amandes effilées ou des copeaux de chocolat.

POUR 8 PERSONNES **PRÉPARATION : 15 MIN** **CUISSON : 25 À 30 MIN**

Tartelettes à la banane, fraises et framboises

VEGAN
SANS GLUTEN
SANS LACTOSE

INGRÉDIENTS

Pour la pâte :

50 g de poudre d'amandes

25 g de sirop d'érable

1 goutte d'extrait d'amande amère

Pour la crème :

1 grosse banane

2 cuil. à soupe de lait d'amande

Pour la garniture :

1 cuil. à café de noix de coco râpée

50 g de fraises et de framboises

1 Mélangez, dans un bol, les ingrédients pour la pâte. Répartissez la préparation dans 2 moules à tartelettes, de 10 cm de diamètre. Réservez au réfrigérateur.

2 Découpez la banane en morceaux et placez-les au congélateur 3 heures, avant de les mixer au robot avec le lait d'amande, jusqu'à l'obtention d'une glace.

3 Répartissez la crème sur la pâte et placez au congélateur 1 heure.

4 Saupoudrez les tartelettes de noix de coco râpée, garnissez de framboises et de fraises préalablement tranchées finement, et servez aussitôt.

POUR 2 PERSONNES PRÉPARATION : 10 MIN CONGÉLATION : 4 H

Tarte au chocolat,
coco et fruits rouges

VEGAN
SANS LACTOSE

1 Préchauffez le four à 180 °C (th. 6).

2 Préparez la pâte : dans un saladier, versez la farine avec la poudre d'amandes et le sel. Incorporez le sirop, l'huile, 2 cl d'eau et la vanille, puis mélangez à l'aide d'une cuillère en bois jusqu'à l'obtention d'une boule de pâte.

3 Étalez la pâte au rouleau à pâtisserie, entre 2 feuilles de papier sulfurisé, le plus finement possible. Déposez la pâte dans un moule à tarte de 27 cm de diamètre. Faites cuire la pâte à blanc, 20 minutes à l'aide de billes de cuisson ou de haricots secs. Laissez refroidir.

4 Préparez le coulis de fruits rouges : mixez les ingrédients au robot jusqu'à l'obtention d'une préparation lisse et homogène. Versez sur la pâte.

5 Préparez la ganache : faites chauffer le lait de coco à feu moyen, jusqu'à ébullition. Hors du feu, ajoutez le chocolat et le sel. Mélangez à la spatule jusqu'à l'obtention d'une préparation bien lisse. Répartissez la ganache sur le coulis de fruits rouges.

6 Décorez la tarte avec les fruits rouges et saupoudrez de noix de coco râpée. Placez au réfrigérateur 4 heures au moins avant de servir.

INGRÉDIENTS

Pour la pâte :

150 g de farine T65

100 g de poudre d'amandes

60 g de sirop d'agave

50 g d'huile de sésame

1 cuil. à café de vanille liquide ou moulue

1 pincée de sel

Pour le coulis de fruits rouges :

200 g de fruits rouges frais ou décongelés

2 cuil. à soupe de sirop d'érable

Pour la ganache :

200 g de chocolat noir 70 %

20 cl de lait de coco

1 pincée de sel

Pour la décoration :

2 poignées de fruits rouges au choix, frais ou surgelés

1 cuil. à soupe de noix de coco râpée

POUR 8 PERSONNES PRÉPARATION : 20 MIN CUISSON : 20 MIN RÉFRIGÉRATION : 4 H

Salade de fruits d'hiver

VEGAN
SANS GLUTEN
SANS LACTOSE

INGRÉDIENTS

1 pomme
1 poire
1 belle orange
1 clémentine
1 banane
1 kiwi
1 cl d'eau de fleur d'oranger
1 cuil. à café de sucre de coco fin
1/8 de cuil. à café rase de cannelle

1 Lavez la pomme et la poire, puis coupez-les en dés. Épluchez l'orange et la clémentine, détaillez les quartiers et coupez-les en deux ou en trois selon la taille. Épluchez le kiwi et coupez-le en rondelles, puis en quatre. Épluchez et coupez la banane en rondelles.

2 Déposez tous les fruits dans un saladier. Versez par-dessus la fleur d'oranger, la cannelle et le sucre de coco. Mélangez bien.

3 Laissez reposer au moins 15 minutes avant de servir.

À SAVOIR

La fleur d'oranger est un bon antistress naturel et son parfum subtil ravira tous les palais.

POUR 4 PERSONNES **PRÉPARATION : 15 MIN** **REPOS : 15 MIN**

Pommes au four
à l'amande et fruits secs

VEGAN
SANS GLUTEN
SANS LACTOSE

INGRÉDIENTS

2 grosses pommes (golden, pink lady, gala)

2 cuil. à café de purée d'amandes blanches

4 cuil. à soupe de crème d'amande

1 cuil. à soupe de raisins secs

2 noix de pécan

¼ de cuil. à café de cannelle moulue

1 Préchauffez le four à 180 °C (th. 6).

2 Rincez les pommes et ôtez leur cœur au vide-pomme ou au couteau, en les gardant entières. Placez les fruits dans 2 petits plats (ou ramequins) allant au four.

3 Mélangez dans un bol la purée d'amandes avec 2 cuillerées à soupe de crème. Ajoutez les raisins secs et les noix de pécan, préalablement concassées. Répartissez cette farce dans le cœur des pommes.

4 Arrosez chaque pomme de 1 cuillerée à soupe de crème d'amande et saupoudrez de cannelle.

5 Enfournez pour 30 minutes. Laissez tiédir avant de déguster.

VARIANTE

Essayez avec de la purée de noisettes.

POUR 2 PERSONNES PRÉPARATION : 5 MIN CUISSON : 30 MIN

Esquimaux au yaourt,
coco et framboises

VEGAN
SANS GLUTEN
SANS LACTOSE

1 Mélangez tous les ingrédients dans un bol.

2 Répartissez la préparation dans des moules à esquimaux.

3 Placez au congélateur 4 heures avant de déguster.

INGRÉDIENTS

400 g de yaourt de soja

100 g de framboises

50 g de sirop d'agave

2 cuil. à soupe de noix de coco râpée

VARIANTE

Déclinez avec d'autres fruits, frais ou surgelés.

POUR 6 ESQUIMAUX **PRÉPARATION : 5 MIN** **CONGÉLATION : 4 H**

Crème à l'avocat,
banane et chocolat

VEGAN
SANS GLUTEN
SANS LACTOSE

INGRÉDIENTS

1 avocat bien mûr

1 banane mûre

1 cuil. à soupe de cacao en poudre

1 cuil. à soupe de sirop d'agave

Pour servir :

raisins secs ou noix de coco râpée

1 Mixez tous les ingrédients au robot jusqu'à l'obtention d'une crème lisse et homogène.

2 Répartissez dans 2 ramequins et placez au réfrigérateur 1 heure avant de servir saupoudré de raisins secs ou de noix de coco râpée.

POUR 2 PERSONNES PRÉPARATION : 5 MIN RÉFRIGÉRATION : 1 H

Crèmes vanillées
ou chocolatées

VEGAN
SANS GLUTEN
SANS LACTOSE

1 Faites chauffer dans une petite casserole à feu moyen le lait, la crème, la fécule et le sirop d'agave, sans cesser de mélanger au fouet. Lorsque la crème s'épaissit, coupez le feu et incorporez la vanille ou le cacao.

2 Répartissez dans 2 ramequins et laissez refroidir. Placez au réfrigérateur 1 heure au moins avant de servir.

INGRÉDIENTS

- 20 cl de lait végétal au choix
- 5 cl de crème végétale au choix
- 3 cuil. à soupe rases de fécule de maïs
- 1 cuil. à soupe de sirop d'agave
- 1 petite cuil. à café de vanille liquide ou de cacao en poudre

VARIANTE

Vous pouvez saupoudrer de noix de coco râpée ou d'amandes effilées.

POUR 2 PERSONNES PRÉPARATION : 5 MIN RÉFRIGÉRATION : 1 H

Pannacotta
à l'amande

VEGAN
SANS GLUTEN
SANS LACTOSE

INGRÉDIENTS

20 cl de crème d'amande

10 cl de lait d'amande

20 g de sucre blond

1 g d'agar-agar (soit ½ cuil. à café)

Pour servir :

sirop d'érable

amandes effilées ou fruits frais

1 Versez les ingrédients dans une casserole. Portez doucement à ébullition en remuant au fouet.

2 Répartissez la préparation dans 2 ramequins. Laissez refroidir, puis placez au réfrigérateur 2 heures au moins avant de déguster.

3 Servez la pannacotta avec un peu de sirop d'érable et quelques amandes effilées ou des fruits frais.

POUR 2 PERSONNES PRÉPARATION : 5 MIN RÉFRIGÉRATION : 2 H

Flan à la mangue
et au lait de coco

SANS GLUTEN
SANS LACTOSE

INGRÉDIENTS

1 mangue pelée, dénoyautée et coupée en dés

40 cl de lait de coco

70 g de fécule de maïs

3 œufs

40 g de sucre roux

30 g de noix de coco râpée

½ sachet de poudre à lever

1 pincée de sel

1 Préchauffez le four à 180 °C (th. 6).

2 Disposez les dés de mangue dans un plat à gratin. Mélangez la fécule de maïs, le sucre, la poudre à lever et le sel. Ajoutez les œufs entiers, puis le lait de coco.

3 Versez le mélange sur les dés de mangue. Faites cuire au four 15 minutes. Saupoudrez le flan de noix de coco râpée et remettez au four pour 10 minutes.

4 Dégustez tiède ou froid.

POUR 6 PERSONNES PRÉPARATION : 20 MIN CUISSON : 25 MIN

Mousse au chocolat
et agrumes

VEGAN
SANS GLUTEN
SANS LACTOSE

1 Filtrez le jus à l'aide d'un chinois et versez-le dans un grand saladier, avec le sucre et le sel.

2 Faites monter le jus « en neige » au batteur électrique, pendant 5 minutes. Ajoutez l'huile essentielle et battez 5 minutes supplémentaires.

3 Faites fondre le chocolat au bain-marie avec le lait végétal. Incorporez le chocolat aux « blancs de pois chiches » très doucement et délicatement, à l'aide d'une spatule.

4 Répartissez la préparation dans 4 ramequins et placez au réfrigérateur 4 heures au moins, idéalement toute une journée ou toute une nuit.

INGRÉDIENTS

100 g de chocolat noir 85 %

2 gouttes d'huile essentielle de mandarine, de citron ou d'orange

10 cl de jus de pois chiches en boîte

2 cuil. à soupe de lait végétal au choix

1 cuil. à soupe de sucre blond

1 pincée de fleur de sel

ASTUCE

Bien sûr, il est possible de réaliser cette mousse sans huile essentielle.

POUR 4 PERSONNES **PRÉPARATION : 15 MIN** **CUISSON : 5 MIN** **RÉFRIGÉRATION : 4 H**

Riz au lait

VEGAN
SANS GLUTEN
SANS LACTOSE

INGRÉDIENTS

200 g de riz rond

1 l de lait de soja à la vanille

8 cuil. à soupe de sucre de canne blond

2 cuil. à café de vanille en poudre

1 Portez à ébullition le lait de soja et la vanille en poudre. Rincez le riz et ajoutez-le dans la casserole avec le sucre.

2 Laissez cuire 30 minutes environ à feu doux, à couvert. Retirez le riz du feu lorsqu'il a absorbé complètement le lait. Laissez tiédir avant de servir.

ASTUCE

À déguster avec des petits morceaux de spéculoos émiettés.

POUR 4 PERSONNES PRÉPARATION : 5 MIN CUISSON : 40 MIN

Yaourt à la caroube

VEGAN
SANS GLUTEN
SANS LACTOSE

INGRÉDIENTS

170 g de yaourt de soja nature

2 cuil. à café de caroube

1 ½ cuil. à soupe de sucre de canne blond

1 Ajoutez au yaourt de soja nature la caroube et le sucre de canne.

2 Mélangez le tout et dégustez aussitôt.

À SAVOIR

La caroube est riche en fibres.

POUR 1 PERSONNE **PRÉPARATION : 5 MIN**

Chia pudding
au cacao et cerises

VEGAN
SANS GLUTEN
SANS LACTOSE

INGRÉDIENTS

30 cl de lait végétal au choix

30 g de graines de chia

1 cuil. à soupe de cacao en poudre

10 cerises dénoyautées

3 cuil. à café de sirop d'érable

1 La veille, combinez dans un petit saladier le lait végétal, les graines de chia, le cacao et le sirop d'érable. Placez au réfrigérateur 1 heure environ, puis mélangez au fouet. Laissez reposer toute la nuit au frais.

2 Le jour même, dénoyautez les cerises et coupez-les en deux. Incorporez-les à la préparation. Répartissez dans 2 ramequins et dégustez aussitôt.

VARIANTE

Vous pouvez troquer les cerises par d'autres fruits frais de saison.

POUR 2 PERSONNES PRÉPARATION : 5 MIN RÉFRIGÉRATION : 12 H

PETIT-DÉJEUNER &
BOISSONS

Breakfast chia bowl

VEGAN
SANS GLUTEN
SANS LACTOSE

INGRÉDIENTS

Pour le pudding au chia :

20 cl de lait de coco

3 cuil. à soupe de graines de chia

2 cuil. à café de sirop d'agave

Pour le smoothie :

1 banane

50 g de fruits rouges (fraises, framboises, cerises, groseilles, mûres...)

Pour le breakfast bowl :

50 g de fruits rouges

2 cuil. à soupe de cranberries

2 cuil. à café de baies de goji

1 cuil. à café de graines de sésame noir

1 poignée de copeaux de noix de coco

1 La veille, mélangez dans un pot en verre le lait de coco, les graines de chia et le sirop d'agave. Remuez plusieurs fois et réservez au réfrigérateur.

2 Le matin, mixez la banane avec les fruits rouges.

3 Dans le bol, versez en même temps le pudding au chia et le smoothie pour avoir deux moitiés bien distinctes.

4 Disposez joliment les fruits rouges entre le pudding et le smoothie et répartissez les cranberries et les baies de goji, les graines de sésame et les copeaux de noix de coco.

POUR 1 GRAND BOL PRÉPARATION : 5 MIN RÉFRIGÉRATION : 12 H

Porridge de tapioca
à la chicorée

1 Dans une casserole, portez le lait à ébullition. Versez tous les ingrédients et mélangez.

2 Faites cuire 10 minutes à feu doux en remuant régulièrement au fouet.

3 Répartissez le porridge dans 2 bols et dégustez chaud, tiède ou froid avec, en fonction de votre envie, des dés de pomme ou des rondelles de banane, des fruits séchés, des noix ou des pépites de chocolat.

INGRÉDIENTS

50 cl de lait (ou de lait végétal)

2 cuil. à soupe de tapioca

1 cuil. à soupe de semoule de blé (ou de polenta précuite pour du sans gluten)

1 à 2 cuil. à soupe de sucre de canne blond

1 cuil. à soupe de chicorée

À SAVOIR

Le tapioca est une fécule fabriquée à partir de l'amidon extrait des racines du manioc. Il a une texture tendre un peu gélatineuse qui lui permet d'épaissir les soupes et les desserts. Sans gluten, il devient un compagnon idéal pour des entremets gourmands !

POUR 2 GRANDS BOLS **PRÉPARATION : 5 MIN** **CUISSON : 10 MIN**

Porridge aux flocons d'avoine, vanille, banane et noix

VEGAN
SANS LACTOSE

INGRÉDIENTS

40 cl de lait d'avoine, ou tout autre lait végétal au choix
100 g de flocons d'avoine
1 gousse de vanille
1 banane
1 poignée de noix de Grenoble ou de pécan concassées
2 cuil. à soupe de sirop d'agave ou d'érable
1 cuil. à soupe de purée de noisettes (facultatif)
1 cuil. à café de noix de coco râpée (facultatif)

1 Mélangez les flocons d'avoine au lait dans une casserole.

2 Fendez la gousse de vanille avec un couteau, séparez-la en deux, puis raclez l'intérieur avec la lame du couteau pour en extraire les graines. Incorporez la gousse fendue ainsi que les graines aux flocons.

3 Faites chauffer à feu doux/moyen pendant 4 à 5 minutes.

4 Hors du feu, ajoutez le sirop d'agave ou d'érable, puis, si vous le souhaitez, la purée de noisettes et la noix de coco râpée.

5 Répartissez la préparation dans 2 bols. Garnissez le porridge de lamelles de banane et de noix concassées.

ASTUCE

Optez pour d'autres fruits frais de saison, des amandes ou encore des noisettes.
Le porridge est idéal pour ceux qui ont besoin de chaleur dès le réveil. Nourrissant et réconfortant, il permet d'éviter le petit creux de 11 heures.

POUR 2 PERSONNES **PRÉPARATION : 2 MIN** **CUISSON : 4 OU 5 MIN**

Muesli maison
et barres de céréales

VEGAN
SANS LACTOSE

INGRÉDIENTS

150 g de petits flocons d'avoine

70 g d'autres types de flocons (châtaigne, épeautre, sarrasin)

80 g de pétales de céréales (maïs, épeautre...)

100 g de fruits séchés (raisins, cranberries, pommes, abricots...)

60 g d'amandes

40 g de noisettes

40 g de petites graines (sésame, chanvre, pavot, tournesol)

20 g de sucre de canne blond

Pour les barres de céréales :

350 g de muesli

5 cuil. à soupe d'huile d'olive

3 cuil. à soupe de miel (ou de sirop d'agave)

3 cuil. à soupe de purée de noix de cajou (ou d'amandes)

1 À l'aide d'un couteau, hachez grossièrement les amandes et les noisettes.

2 Dans une grande poêle, faites torréfier les flocons et les céréales avec les amandes, les noisettes et les petites graines pendant quelques minutes. Retirez du feu et versez dans un saladier. Ajoutez les fruits séchés et le sucre, puis mélangez. Laissez refroidir.

3 Lorsque le muesli a complètement refroidi, transvasez-le dans un bocal en verre de 1,5 l.

4 Le matin, servez le muesli avec du lait ou un yaourt et un fruit frais de saison coupé en morceaux ou une compote de fruits maison.

5 Préchauffez le four à 180 °C (th. 6).

6 Dans une casserole, mélangez le miel avec l'huile et la purée de noix de cajou. Portez à frémissements à feu doux. Mettez le muesli dans un saladier et versez-y ce liquide chaud, puis mélangez jusqu'à ce que tous les flocons soient bien mouillés. Chemisez un moule rectangulaire (27,5 × 14,5 cm) de papier sulfurisé. Versez la pâte et tassez avec les doigts humidifiés. Enfournez pour 15 minutes. À la sortie du four, sans démouler, prédécoupez 12 barres à l'aide d'un couteau. Laissez complètement refroidir avant de détacher les barres de muesli.

POUR 1 BOCAL DE 1,5 L DE MUESLI MAISON **PRÉPARATION : 10 MIN** **CUISSON : 4 MIN**
POUR 12 BARRES DE CÉRÉALES **PRÉPARATION : 5 MIN** **CUISSON : 20 MIN**

Granola maison,
yaourt et fraises

1 Préchauffez le gril du four. Étalez sur une plaque à pâtisserie les flocons de soja et d'avoine, ainsi que les noisettes. Saupoudrez de sucre roux.

2 Faites dorer au four 8 minutes, en remuant à mi-cuisson. Laissez tiédir.

3 Rincez et équeutez les fraises. Coupez-les en morceaux.

4 Versez les yaourts dans 4 bols. Ajoutez le granola, les noix de macadamia hachées et les raisins secs. Décorez avec les fraises et servez aussitôt.

INGRÉDIENTS

120 g de flocons d'avoine

40 g de flocons de soja

40 g de noisettes hachées grossièrement

40 g de noix de macadamia hachées grossièrement

30 g de raisins secs

2 cuil. à soupe de sucre roux

4 yaourts nature

400 g de fraises

POUR 4 PERSONNES **PRÉPARATION : 15 MIN** **CUISSON : 8 MIN**

Granola
à la purée de cacahuètes

VEGAN
SANS LACTOSE

INGRÉDIENTS

1 cuil. à soupe de purée de cacahuètes (en magasin bio)

1 cuil. à soupe de sirop d'érable

50 g de flocons d'avoine

1 pincée de vanille ou de cannelle moulue

2 cuil. à soupe, au choix, de : graines de courge, graines de tournesol, fruits secs, pépites de chocolat, oléagineux…

1 Versez la purée de cacahuètes et le sirop d'érable dans une petite casserole. Faites chauffer 1 minute, à feu doux, en mélangeant bien.

2 Hors du feu, incorporez les flocons d'avoine ainsi que la vanille ou la cannelle.

3 Répartissez la préparation sur une plaque recouverte de papier sulfurisé.

4 Enfournez pour 12 minutes dans un four préchauffé à 160 °C (th. 5-6).

5 Versez le granola dans un bol et laissez refroidir à température ambiante.

6 Incorporez les graines, fruits secs, pépites de chocolat, oléagineux… avant de déguster avec un yaourt de soja ou du lait végétal.

À SAVOIR

Les flocons de céréales sont les ennemis du cholestérol et des « coups de pompe ». Très digestes, ils sont parfaits au petit déjeuner, notamment s'ils sont accompagnés de fruits frais ou secs et d'oléagineux. Dans cette recette, il est possible de remplacer les flocons d'avoine par des flocons de sarrasin, de millet ou d'autres petits flocons. La purée de noisettes ou d'amandes peut se substituer à la purée de cacahuètes.

POUR 2 PERSONNES **PRÉPARATION : 5 MIN** **CUISSON : 13 MIN**

Tartine d'avocat,
œuf mollet et graines germées

1 Épluchez la gousse d'ail. Coupez l'avocat en deux, retirez délicatement le noyau et pelez-le. Coupez-le en fines lamelles et citronnez-les.

2 Portez une casserole d'eau à ébullition. Déposez-y délicatement l'œuf et faites-le cuire 5 minutes. Retirez-le de la casserole et passez-le sous l'eau froide avant de l'écaler.

3 Pendant ce temps, passez les tartines au grille-pain. Frottez un côté des tartines avec la gousse d'ail et nappez-les d'huile d'olive. Étalez dessus le yaourt grec. Répartissez les lamelles d'avocat et parsemez de graines germées.

4 Une fois l'œuf écalé, coupez-le en deux et déposez une moitié sur chaque tartine. Saupoudrez de sésame et de quelques pincées de fleur de sel.

INGRÉDIENTS

2 tranches de pain au levain

1 avocat

1 œuf extra-frais

1 poignée de graines germées

2 cuil. à soupe de yaourt grec

2 cuil. à café de graines de sésame

1 gousse d'ail

quelques gouttes de jus de citron pour l'avocat

huile d'olive

fleur de sel

POUR 1 PERSONNE PRÉPARATION : 10 MIN CUISSON : 5 MIN

Tartines du matin

VEGAN
SANS LACTOSE

INGRÉDIENTS

2 tranches au choix de pain complet, pain de campagne, pain de seigle, pain sans gluten...

1 cuil. à café environ de purée d'oléagineux (purée de cacahuètes, d'amandes blanches ou complètes, de sésame ½ complet ou noir, de noisettes...)

fruit au choix : ½ avocat, 4 fraises, 2 figues séchées, 1 petite poire...

1 cuil. à café à saupoudrer : poudre d'amandes ou de noisettes, amandes effilées, noix de coco râpée, cranberries séchées...

1 Faites griller le pain à votre convenance, puis tartinez-le de purée d'oléagineux.

2 Répartissez le fruit frais ou sec choisi, préalablement lavé, équeuté et pelé si besoin, puis découpé en rondelles ou en lamelles.

3 Saupoudrez de poudre d'amandes ou de noisettes, d'amandes effilées, de noix de coco râpée, de cranberries séchées... avant de déguster !

À SAVOIR

Vous pouvez opter pour une purée de fruits, tout aussi riche, en remplacement de la purée d'oléagineux : avocat, banane, kaki... Des études ont démontré l'importance d'une prise énergétique matinale sur les capacités intellectuelles. Pourtant, le petit déjeuner est de plus en plus boudé par les Français qui sont désormais près de 14 % à partir le ventre vide le matin, contre 9 % seulement il y a dix ans.

POUR 1 PERSONNE **PRÉPARATION : 5 MIN**

Pancakes
aux flocons d'avoine

INGRÉDIENTS

150 g de farine T80 (au choix : blé, avoine, épeautre ou petit épeautre)

50 g de petits flocons d'avoine

25 cl de lait (ou de lait végétal)

1 œuf

2 cuil. à soupe de sucre de canne blond

2 cuil. à café de poudre à lever

1 cuil. à soupe d'huile d'olive + un peu pour la cuisson

1 Dans une casserole, faites tiédir le lait.

2 Dans un saladier, mélangez la farine, les flocons d'avoine, le sucre et la poudre à lever. Versez le lait, remuez et laissez reposer 5 minutes.

3 Battez l'œuf avec l'huile et versez-les sur le mélange de farine. Remuez bien.

4 Faites chauffer une poêle avec un peu d'huile. Déposez-y des louchettes de pâte et retournez-les lorsque le dessus fait des bulles. Poursuivez la cuisson sur l'autre face. Renouvelez l'opération jusqu'à épuisement de la pâte.

5 Dégustez ces pancakes tout chauds, arrosés d'un filet de sirop d'érable, d'agave ou de miel local.

POUR UNE QUINZAINE DE PANCAKES **PRÉPARATION : 15 MIN REPOS : 5 MIN CUISSON : QUELQUES MINUTES PAR POÊLÉE**

Coconut bread

SANS LACTOSE

INGRÉDIENTS

240 g de farine de blé T65 ou T80
100 g de sucre de canne blond
100 g de noix de coco râpée
80 g d'huile de coco
30 cl de lait de coco
2 œufs
2 cuil. à café de poudre à lever

1 Préchauffez le four à 180 °C (th. 6).

2 Dans une petite casserole, faites fondre à feu doux l'huile de coco. Dans un saladier, mélangez tous les ingrédients secs. Dans un bol, fouettez les œufs avec l'huile de coco fondue et le lait de coco. Versez le mélange liquide sur le mélange sec et remuez juste assez pour incorporer la farine : la pâte conserve encore quelques grumeaux.

3 Chemisez un moule à cake de papier sulfurisé et versez-y la pâte. Enfournez pour 45 minutes. Surveillez la fin de la cuisson en piquant le gâteau avec la lame d'un couteau : elle doit ressortir sèche.

4 Laissez tiédir avant de démouler.

POUR 1 CAKE **PRÉPARATION : 10 MIN** **CUISSON : 45 MIN**

Scones complets aux céréales et aux graines

INGRÉDIENTS

250 g de farine 5 céréales + un peu pour le plan de travail

45 g de graines (pavot, sésame, chanvre, tournesol...)

25 g de beurre (ou de purée d'amandes)

1 œuf

5 à 10 cl de lait (ou de lait végétal)

2 cuil. à soupe de sucre de canne complet ou intégral

2 cuil. à café de poudre à lever

huile pour la plaque

1 pincée de sel marin

1 Préchauffez le four à 200 °C (th. 6-7).

2 Coupez le beurre en petits morceaux et battez l'œuf dans un bol.

3 Dans un saladier, mélangez tous les ingrédients secs. Ajoutez le beurre et malaxez du bout des doigts. Ajoutez l'œuf et le lait petit à petit, puis mélangez rapidement pour former une boule de pâte : elle est souple, mais non collante. Au besoin, rajoutez du lait.

4 Farinez le plan de travail. Aplatissez la pâte de la paume de la main sur 2 cm d'épaisseur en formant un rectangle. À l'aide d'un couteau, découpez 8 parts et disposez-les à l'envers sur une plaque de cuisson huilée. Enfournez pour 15 minutes.

5 Dégustez les scones tièdes, coupés en deux dans le sens de la longueur, avec de la confiture, du beurre ou de la purée d'amandes.

POUR 8 SCONES **PRÉPARATION : 10 MIN** **CUISSON : 15 MIN**

Lait d'or aux épices

VEGAN
SANS LACTOSE

1 Mélangez tous les ingrédients dans une petite casserole.

2 Faites chauffer à feu moyen, sans cesser de mélanger la préparation au fouet.

3 Lorsque la boisson frémit, coupez le feu et versez-la dans une tasse avant de déguster.

INGRÉDIENTS

200 ml de lait de riz à la vanille

1 cuil. à café d'huile de coco

1 cuil. à café de sirop d'agave ou d'érable

1 cuil. à café rase de curcuma

½ cuil. à café de cannelle moulue

1 pincée de noix de muscade moulue

1 pincée de poivre noir moulu

À SAVOIR

Le lait d'or est une boisson qui nous vient tout droit d'Inde. Composé de curcuma et de poivre noir, qui active les pouvoirs magiques de cette épice, il est l'ennemi des troubles digestifs et inflammatoires, comme les maux d'estomac, les nausées, les douleurs rhumatismales et menstruelles. Vous pouvez aussi le réaliser avec un lait de soja vanillé ou un lait d'amande.

POUR 1 PERSONNE PRÉPARATION : 5 MIN

Lait d'amande
à la fleur d'oranger

VEGAN
SANS GLUTEN
SANS LACTOSE

INGRÉDIENTS

140 g d'amandes décortiquées

2 cuil. à café d'eau de fleur d'oranger

1 cuil. à soupe de sirop d'agave

1 Faites tremper les amandes pendant 1 heure dans de l'eau tiède, à couvert. Videz l'eau et rincez.

2 Mixez avec un robot les amandes avec 1 l d'eau, l'eau de fleur d'oranger et le sirop d'agave. Filtrez la préparation à l'aide d'une passoire fine et d'une étamine ou d'une chaussette à thé.

3 Essorez l'étamine ou la chaussette afin de récupérer la chair d'amande qui servira à confectionner des muffins, des tartes, etc.

4 Versez le lait d'amande dans une bouteille en verre hermétique.

ASTUCE

Le lait d'amande se conservera 3 jours au réfrigérateur.

POUR 1 L **PRÉPARATION : 10 MIN** **REPOS : 1 H**

Smoothie vert

VEGAN
SANS GLUTEN
SANS LACTOSE

INGRÉDIENTS

1 branche de céleri
1 belle feuille de chou kale
24 cl de lait d'amande
2 cuil. à café de jus de citron
1 cuil. à café de sirop d'agave
1 cuil. à café de brindilles de spiruline + un peu pour le décor

1 Lavez la branche de céleri et le chou kale. Coupez le céleri en tronçons. Ôtez la tige centrale du chou kale et découpez la feuille en lamelles à l'aide de ciseaux de cuisine.

2 Placez tous ces légumes dans le bol d'un robot et mixez avec le jus de citron, le lait d'amande, le sirop d'agave et les brindilles de spiruline.

3 Versez dans 2 verres et déposez quelques brindilles de spiruline sur le dessus. Consommez aussitôt.

À SAVOIR

Les légumes et les fruits de couleur verte sont des alliés de notre vue.

POUR 2 PERSONNES **PRÉPARATION : 5 MIN**

Smoothie orange

VEGAN
SANS GLUTEN
SANS LACTOSE

INGRÉDIENTS

1 grosse orange
1 carotte
1 petite pomme
1 grosse clémentine
1 cuil. à café de citron

1 Épluchez l'orange et détaillez-la en quartiers. Épluchez la carotte et la pomme et coupez-les grossièrement, puis épluchez la clémentine.

2 Déposez dans le bol d'un robot mixeur les fruits avec la cuillerée de citron et mixez le tout. Filtrez à l'aide d'une grosse passoire ou d'un chinois, pour une texture plus onctueuse.

3 Versez ensuite dans 1 grand verre, ou 2 de taille moyenne, et dégustez aussitôt.

À SAVOIR

Riches en bêtacarotène, les fruits de couleur orange et jaune contribuent à renforcer le système immunitaire.

POUR 2 PERSONNES **PRÉPARATION : 5 MIN**

Smoothie bonne mine

VEGAN
SANS GLUTEN
SANS LACTOSE

1 Rincez le basilic. Lavez les carottes et les abricots. Pelez le melon, éliminez les graines.

2 Passez les carottes, les abricots dénoyautés et le melon à la centrifugeuse avec le basilic.

3 Ajoutez l'urucum et le paprika dans le jus obtenu. Dégustez aussitôt.

INGRÉDIENTS

2 carottes

1 tranche de melon (150 g)

3 abricots

3 feuilles de basilic

1 pincée d'urucum

1 pincée de paprika

ASTUCE

Si vous n'avez pas de centrifugeuse, remplacez les carottes par 10 cl de jus de carotte et passez le tout au robot.

POUR 1 PERSONNE **PRÉPARATION : 10 MIN**

Smoothie bowl
à l'açaï

VEGAN
SANS GLUTEN
SANS LACTOSE

INGRÉDIENTS

1 ½ cuil. à soupe de baies d'açaï en poudre

2 bananes

100 g de fruits rouges (cerises noires, framboises et mûres sauvages)

6 cl de lait de soja vanillé

Idées topping :

1 poignée de cacao cru

1 pincée de graines de chia

1 poignée de fruits rouges (cerises noires, framboises, mûres sauvages et myrtilles)

1 Mixez à l'aide d'un robot tous les ingrédients les uns après les autres (réservez quelques rondelles de banane pour la déco), en commençant par l'açaï et en terminant par le lait de soja.

2 Placez la préparation dans un bol et le décorez de rondelles de banane, de graines de chia, de cacao cru et de fruits rouges avant de servir.

À SAVOIR

L'açaï possède des vertus antioxydantes, énergisantes, idéales pour bien commencer la journée.

POUR 1 PERSONNE **PRÉPARATION : 5 MIN**

Smoothie
orange-pruneaux

VEGAN
SANS GLUTEN
SANS LACTOSE

1 Pelez le kiwi, coupez-le en morceaux. Dénoyautez les pruneaux, coupez-les en morceaux. Faites décongeler les framboises 30 secondes au micro-ondes. Si elles sont fraîches, épongez-les délicatement.

2 Versez le jus d'orange dans le bol d'un robot mixeur. Ajoutez le kiwi et les pruneaux découpés, ainsi que les framboises. Mixez pour obtenir un mélange homogène.

3 Ajoutez un peu de jus de citron et dégustez aussitôt.

INGRÉDIENTS

100 g de framboises fraîches ou surgelées

6 pruneaux moelleux

1 kiwi

40 cl de jus d'orange bien froid

le jus de ½ citron

À SAVOIR

Pour un apport supplémentaire en fibres, ajoutez 1 cuillerée à soupe de son d'avoine au moment de mixer.

POUR 2 PERSONNES **PRÉPARATION : 10 MIN**

Smoothie exotique

VEGAN
SANS GLUTEN
SANS LACTOSE

INGRÉDIENTS

100 g d'ananas

100 g de mangue

½ banane

12 cl d'eau de coco

1 cuil. à soupe de sirop d'agave

1 Prélevez la chair des fruits et coupez-la en cubes.

2 Déposez-la dans le bol d'un robot mixeur, ajoutez l'eau de coco et le sirop d'agave et mixez jusqu'à l'obtention d'une préparation lisse et homogène.

3 Versez dans un verre et sirotez aussitôt.

ASTUCE

Placez les fruits et l'eau de coco au réfrigérateur quelques heures avant de réaliser la boisson, si vous souhaitez boire le smoothie bien frais.
Vous pouvez remplacer l'eau de coco par un lait végétal, de l'eau ou du jus d'orange.

POUR 1 PERSONNE **PRÉPARATION : 5 MIN**

Cocktail cranberry, pomme, carotte

VEGAN
SANS LACTOSE

INGRÉDIENTS

20 cl de pur jus de cranberry

10 cl de pur jus d'orange sanguine

2 carottes pelées et coupées en morceaux

1 pomme pelée et coupée en morceaux

le jus de ½ citron vert

1 cuil. à soupe de germes de blé en paillettes

1 cuil. à soupe de levure en paillettes

1 Versez dans le bol d'un robot mixeur les jus de cranberry et d'orange. Vous pouvez également utiliser une centrifugeuse.

2 Ajoutez les morceaux de pomme et de carotte. Mixez pour obtenir un jus homogène.

3 Versez un peu de jus de citron, les paillettes de germes de blé et de levure. Mélangez.

4 Versez dans 2 verres et dégustez aussitôt.

À SAVOIR

Outre ses effets antioxydants, ce jus diurétique est utile pour prévenir les infections urinaires.

POUR 2 PERSONNES **PRÉPARATION : 10 MIN**

Cocktail détox

VEGAN
SANS GLUTEN
SANS LACTOSE

1 Passez la roquette et les épinards au robot mixeur avec les jus d'orange et de pomelo.

2 Poivrez légèrement, ajoutez la poudre de klamath et mélangez.

3 Versez dans un verre et dégustez aussitôt.

INGRÉDIENTS

10 cl de pur jus d'orange

5 cl de pur jus de pomelo

1 poignée de roquette rincée et essorée

1 poignée de pousses d'épinards rincées et essorées

½ cuil. à café de klamath en poudre (micro-algue)

poivre

VARIANTE

Vous pouvez remplacer la poudre de klamath par de la poudre de spiruline, dans les mêmes proportions.

POUR 4 PERSONNES PRÉPARATION : 10 MIN

Citronnade
à la spiruline

VEGAN
SANS GLUTEN
SANS LACTOSE

INGRÉDIENTS

- 3 citrons jaunes
- 1 petit morceau de gingembre frais
- 5 feuilles de menthe rincées et hachées
- 1 cuil. à café de sucre roux
- 2 cuil. à café de spiruline en poudre

1 Pelez le gingembre, rincez-le et coupez-le en fines lamelles.

2 Pressez les citrons, versez le jus dans une carafe. Ajoutez le sucre, la spiruline en poudre, la menthe hachée et le gingembre.

3 Ajoutez 1,25 l d'eau. Mélangez et placez au frais pour 2 heures au moins.

4 Servez très frais.

À SAVOIR

Une boisson très parfumée pratiquement dépourvue de calories aux effets détoxifiants.

POUR 4 PERSONNES **PRÉPARATION : 10 MIN** **RÉFRIGÉRATION : 2 H**

Kéfir fraise mangue

VEGAN
SANS GLUTEN
SANS LACTOSE

1 Mixez le kéfir, les fraises, la mangue et le curcuma 30 secondes dans un robot mixeur.

2 Versez dans un grand verre, ajoutez la menthe et dégustez aussitôt.

INGRÉDIENTS

15 cl de kéfir

100 g de fraises lavées et équeutées

½ mangue pelée et coupée en morceaux

1 pincée de curcuma

3 feuilles de menthe rincées et hachées

À SAVOIR

Le kéfir est une boisson issue de la fermentation de grains de kéfir dans du lait ou des jus de fruits sucrés. Il rééquilibre la flore intestinale et régule le transit : une façon naturelle de garder le ventre plat.

POUR 1 PERSONNE **PRÉPARATION : 10 MIN**

Milk-shake léger
au yaourt saveur café

SANS GLUTEN

INGRÉDIENTS

1 yaourt brassé nature

1 boule de glace à la vanille

5 cl de lait

½ cuil. à café de café instantané en poudre

2 gouttes d'extrait de vanille liquide

10 g de mini-marshmallows colorés

1 Mettez le lait, le yaourt, le café en poudre, la boule de glace et l'extrait de vanille dans le bol d'un robot mixeur.

2 Mixez quelques instants pour obtenir un mélange lisse et mousseux.

3 Versez dans un grand verre, décorez avec des mini-marshmallows et dégustez aussitôt.

ASTUCE

Les toppings du commerce sont sucrés, mais si vous les utilisez en petites quantités (5 à 10 g par personne), ils donnent une touche colorée aux desserts sans trop alourdir l'addition calorique (20 à 40 calories).

POUR 1 PERSONNE **PRÉPARATION : 10 MIN**

Index des recettes

Index des ingrédients

Auteurs des recettes
Céline de Cérou : 14, 16, 17, 20, 22, 23, 24, 26, 27, 32, 34, 36, 41, 42, 45, 47, 50, 51, 52, 56, 59, 60, 62, 63, 64, 70, 80, 82, 83, 89, 90, 91, 92, 106, 118, 121, 125, 128, 133, 137, 141, 142, 153, 154, 159, 160, 172, 173, 182, 189, 209, 212, 219, 242, 244, 245, 249, 260 ; Alice Greetham : 15, 18, 30, 33, 39, 48, 53, 54, 65, 72, 76, 95, 96, 97, 98, 100, 102, 122, 124, 127, 130, 131, 134, 140, 149, 156, 158, 165, 167, 178, 190, 194, 196, 203, 207, 210, 216, 220, 221, 224, 225, 226, 227, 238, 240, 265, 266, 267, 268, 270, 271, 272, 273, 274, 276, 277, 278, 279, 280, 283, 284, 285, 288, 289, 290, 291, 292, 295, 298, 304, 308, 310, 315, 324 ; Ingrid Bernard : 21, 28, 29, 35, 38, 40, 46, 57, 58, 66, 74, 77, 78, 79, 101, 110, 112, 113, 114, 115, 116, 144, 150, 170, 171, 200, 208, 215, 239, 248, 250, 251, 255, 256, 258, 261, 264, 282, 286, 296, 297, 316, 318, 320, 322 ; Céline Mennetrier : 44, 71, 73, 84, 85, 86, 88, 94, 109, 119, 120, 126, 136, 143, 146, 147, 148, 152, 155, 161, 162, 164, 166, 168, 174, 176 ,177, 179, 180, 183, 184, 185, 186, 191, 192, 197, 198, 201, 202, 204, 206, 213, 214, 218, 222, 228, 230, 231, 232, 233, 234, 236, 237, 302, 303, 306, 309, 312, 313, 314 ; Veronique Liégeois : 107, 108, 188, 252, 254, 294, 307, 321, 323, 326, 327, 328, 329, 330 ; Delphine Brunet : 132 ; Martine Lizambard : 195, 243, 246 ; Sylvie Girard-Lagorce : 257

Photographies et stylisme
Page 3 : ©Dimitris66/E+/Getty Images ; pages 5, 13 : ©photomaru/iStock/Getty Images Plus ; pages 7, 69 : ©bonchan/iStock/Getty Images Plus ; pages 7, 105 : ©levkr/iStock/Getty Images Plus ; pages 7, 8, 139 : ©bergamont/iStock/Getty Images Plus ; pages 7, 263 : ©scorpp/ iStock/Getty Images Plus ; pages 7, 10, 301 : ©Pannonia/E+/Getty Images
Céline de Cérou : 14, 16, 17, 20, 22, 23, 25, 26, 27, 32, 34, 37, 41, 43, 45, 47, 50, 51, 52, 56, 59, 61, 62, 63, 64, 70, 81, 82, 83, 89, 90, 91, 93, 106, 118, 121, 125, 129, 133, 137, 141, 142, 153, 154, 159, 160, 172, 173, 182, 189, 209,212, 219, 242, 244, 245, 249, 260 ; Julie Bienvenot : 15, 19, 31, 33, 39, 49, 53, 55, 65, 72, 76, 95, 96, 97, 99, 100, 103, 122, 124, 127, 130, 131, 135, 140, 149, 157, 158, 165, 167, 178, 190, 194, 196, 203, 207, 211, 217, 220, 221, 224, 225, 226, 227, 238, 241, 265, 266, 267, 269, 270, 271, 272, 273, 275, 276, 277, 278, 279, 281, 283, 284, 285, 288, 289, 290, 291, 293, 295, 298, 305, 308, 311, 315, 325 ; Ingrid Bernard : 21, 28, 29, 35, 38, 40, 46, 57, 58, 66, 75, 77, 78, 79, 101, 111, 112, 113, 114, 115, 117, 145, 151, 170, 171, 200, 208, 215, 239, 248, 250, 251, 255, 256, 259, 261, 264, 282, 287, 296, 297, 317, 319, 320, 322 ; Amandine Honegger / Sylvie Rost : 44, 71, 73, 87, 88, 119, 126, 136, 143, 146, 147, 152, 163, 164, 166, 169, 175, 177, 179, 183, 191, 197, 201, 202, 213, 214, 218, 230, 231, 235, 237, 302, 303, 306, 309, 312, 313, 314 ; Nathalie Carnet / Lucie Dauchy : 84, 85, 97, 109, 120, 148, 155, 161, 176, 181, 184, 185, 186, 193, 199, 205, 206, 223, 229, 232, 233, 236 ; Émilie Laraison : 107, 108, 188, 252, 254, 294, 307, 321, 323, 326, 327, 328, 329, 330 ; Éric Fénot / Delphine Brunet : 132, 257 ; Amélie Roche / Audrey Cosson : 195, 243, 247

Photographies de couverture
Haricots/Lentilles/Bol Noisettes-amandes : ©Fotolia/Jiri Hera ; Poêle/grappe tomates/Bols riz + épices : ©Fotolia/Africa Studio ; Petites tomates/Courgette : ©Fotolia/kerdkanno ; Potiron : ©Fotolia/279photo ; Oignons, ail… : ©Fotolia/Mara Zemgaliete ; Pomme : ©Fotolia/Roman Samokhin

Merci à Céline Mennetrier et Véronique Liégeois pour les textes d'introduction.

Directeur éditorial : Didier Férat
Édition : Diane Monserat
Graphisme et mise en page : Nord Compo
Création graphique de la couverture : Guylaine Moi
Fabrication : Laurence Duboscq

© Éditions Solar, Paris, 2017

Solar | un département **place des éditeurs**

place des éditeurs

Tous droits de traduction, d'adaptation et de reproduction par tous procédés, réservés pour tous pays.

ISBN : 978-2-263-15234-4
Code éditeur : S15234
Dépôt légal : octobre 2017
Imprimé en France par Pollina - 81749

FSC www.fsc.org
MIXTE
Papier issu de sources responsables
FSC® C003309